Collection folio junior

Série "plein vent"
dirigée par André Massepain

Né à Brive en 1922, **Michel Peyramaure** y a fait ses études et y habite toujours. D'abord linotypiste dans l'imprimerie paternelle, il imprime lui-même ses premiers ouvrages : des plaquettes de vers et des contes. En 1954, il publie son premier roman, *Paradis entre quatre murs*, cependant qu'il collabore à différents journaux et revues et à Radio-Limoges. En 1956, paraît *Le Bal des Ribauds*, fresque violente du haut Moyen Age en Limousin. Il est d'ailleurs un des écrivains qui ont le plus fortement exprimé les paysages et les hommes du Limousin et du Périgord. L'essentiel de son œuvre se situe entre Limoges et Toulouse, Tulle et Périgueux, et principalement aux époques les plus troublées de l'histoire de ce pays.

Michel Peyramaure

La vallée
des mammouths

Robert Laffont

Préface

Notre siècle, plus que tout autre de ceux qui le précédèrent, recherche le dépaysement. L'adolescent d'aujourd'hui, plus plongé encore que ses pères dans le domaine du futur, rêve de promenade sidérale et d'exploration de mondes ultra-terrestres. Mais en ce domaine du Demain, la réalité quotidienne dépasse la plus aventureuse fiction, et nos savants sérieux se révèlent plus imaginatifs que les romanciers, créant ce que ces derniers n'osent encore imaginer...

Le plus sûr dépaysement ne serait-il pas alors vers le lointain passé de l'Humanité, plus que vers son avenir, bien que je sois persuadé que le grand chasseur magdalénien qui hantait nos grottes ornées ne différait pas de l'homme moderne ? Notre bagage humain, psychique et intellectuel, est issu directement de ce monde disparu, encore bien proche de nous malgré ses dix à douze millénaires. Le grand plafond de Rouffignac, chargé de ses images-réalités de mammouths, de chevaux, de bouquetins et de bisons, au-dessus du vaste entonnoir menant au Ruisseau des profondeurs, aux entrailles de la Terre-Mère, annonce directement le Ploutonion d'Eleusis et l'antre pythique de Delphes. Le « Trou d'ombre » du Cro du Cluzeau, ouvert sur la vallée des mammouths, se retrouve au pied du Parthénon, ouvert sur l'enclos de Déméter...

Restent alors le dépaysement des climats et des genres de vie, la plongée vers ces millénaires qui conservent leur halo de mystère. Michel Peyramaure nous entraîne ainsi dans sa lointaine vallée des mammouths, dans les profondeurs de la « montagne aux ours », vers le ruisseau des ténèbres, dans la longue galerie de Rouffignac où deux de ses héros tracent, sur le calcaire marneux du plafond, les maladroits profils que je baptisais en 1956 « Adam et Eve »... Michel Peyramaure veut seulement divertir, et toutes libertés lui sont donc permises, dans une œuvre de pure imagination. Pourtant son personnage de Kuecô est fort vraisemblable, gravant les mammouths sur les parois calcaires : « Lorsque les Esprits se penchent sur mon épaule, pour me voir dessiner, dit-il, ils rient si mon œuvre est fausse. En revanche, si elle est vraie, ils donnent en récompense beaucoup de gibier à ma tribu. »

En effet, l'art préhistorique reste fondamentalement art de chasseur, chargé de lourde magie, au sein des grottes profondes, ces grottes refuges, sanctuaires, berceaux des vieilles divinités de la Terre-Mère, créatrice des mammouths et des hommes.

Il est sage encore de rêver aux origines comme de rêver aux futurs, car rêver est « encore » le propre de l'homme.

Louis-René NOUGIER

Professeur d'Archéologie Préhistorique
à la Faculté des Lettres et Sciences humaines de Toulouse,
Directeur de l'Institut d'Art Préhistorique.

Le dernier voyage de Chaab

C'est Chaab qui, le premier, avait aperçu la harde, alors que la nuit commençait à tomber dans l'étroite vallée balayée par le blizzard. Il marchait en tête du petit groupe de chasseurs qui s'acheminaient vers les abris dans la dernière lueur du jour. Il y avait eu une brusque accalmie, une sorte de gouffre dans la pénombre glacée, et Chaab, soudain, avait respiré l'odeur des bœufs musqués. Ce n'était pas celle qui, au printemps, rend leur chair immangeable mais cette odeur qui s'attache à la fourrure des animaux en toute saison et donne aux chasseurs, lorsqu'ils la hument, l'ivresse qui précède les grandes curées.

L'odeur était là. Elle flottait autour de Chaab, et le chasseur porta son regard, à travers ses cils collés par le gel, vers les collines couvertes de neige où les dernières bourrasques soulevaient d'étranges apparitions qui tourbillonnaient sur place avant de se défaire par-dessus les forêts. Chaab flaira l'air pour deviner la direction d'où venait l'odeur. En portant les yeux vers le couchant, il distingua, sur un étroit plateau, la masse sombre de la harde.

C'était bien un magnifique troupeau de bœufs musqués. Chaab attendit que les autres l'eussent rejoint.

Quand ils furent groupés autour de lui, Chaab parla.

La chasse avait été mauvaise. Les hommes des Grandes Falaises n'étaient parvenus à tuer, au prix d'efforts inouïs, que du menu gibier : des lièvres des neiges, un vieux renne à demi mort d'épuisement. Et voilà que les Puissances mettaient sur leur chemin, avec cette harde de bœufs musqués, de quoi satisfaire la faim de la tribu pour des jours et des jours.

Les chasseurs hochèrent gravement la tête sous la fourrure qui les enveloppait et ne laissait apparaître que leur visage recouvert d'une épaisse couche de graisse protectrice. La disette menaçait la tribu. Le chef Deïwo avait annoncé qu'on aurait à traverser des jours difficiles, avant que les rennes ne descendent du Nord.

— Il nous faut la chair de ces bœufs, dit Chaab.

L'espoir faisait trembler sa voix. Ses deux enfants, son fils Ayud et sa fille, Yawna, devaient l'attendre, accroupis autour du foyer, en train de mâcher quelque âpre racine pour tromper leur faim. Si Chaab revenait les mains vides, comment pourrait-il affronter leurs regards ? Et que penseraient-ils ? « On nous a trompés en prétendant que Chaab est le meilleur chasseur de la tribu. Il n'est capable d'abattre que de vieux rennes éclopés. Chaab se fait vieux... » Chaab entendait ces paroles résonner à son tympan et la honte s'infiltra dans son cœur. Il dit :

— J'irai seul affronter le chef des bœufs musqués. Dès que je l'aurai abattu, vous avancerez prudemment : toi, Gamoh, et toi, Barath, les premiers, pour ne pas effrayer le reste du troupeau.

A peine Chaab avait-il fini de parler, le blizzard reprit de plus belle. Les nuages se mirent à bouillonner au-dessus de la forêt, dans les dernières lueurs sanguinolentes du couchant. Chaab observa quelques instants de silence, son esprit tourné vers les dieux des

Profondeurs qui dispensent aux hommes les riches venaisons. De sous sa fourrure, il tira une corde fabriquée avec des tendons de renne, qu'il ajusta à son arc sur lequel il pesa de toutes ses forces. La corde était souple. Exposée au gel, elle se fût brisée irrémédiablement.

— Que les Puissances veillent sur toi, murmura Gamoh.

— Sois prudent, ajouta Barath. On ne peut jamais savoir ce qui se passe dans la tête d'un bœuf.

Déjà, Chaab s'avançait sur la pente. Par bonheur, le vent soufflait du Couchant et ne pouvait trahir le chasseur. Arrivé à une cinquantaine de coudées, Chaab se mit à ramper vers la harde figée, flanc contre flanc. Les mâles adultes, les femelles, formaient autour des petits une véritable muraille de fourrure et de chaleur. Le chef et un vieux mâle se tenaient plantés dans la neige, enfoncés comme une proue dans le torrent d'air glacé.

D'un coup d'œil, Chaab dénombra le troupeau : une quinzaine de bêtes. Une joie brutale serra son cœur. Il se remit à progresser, à demi aveuglé par la neige qui dansait devant son visage.

Parvenu à une dizaine de coudées, il resta abrité derrière une touffe de saules nains. Un rapide regard lui permit de constater que le mâle qui se trouvait de son côté était le chef. De la tache blanche que tous les jeunes portent au front, il restait encore une zone claire, entre les puissantes cornes recourbées vers le sol. « Il peut avoir tout au plus sept ou huit étés », se dit Chaab. Il ne paraissait pas avoir trop pâti des rigueurs de l'hiver. La bosse de graisse, au niveau du garrot, qui lui servait de réserve, paraissait encore bien garnie sous le manteau de neige qui la recouvrait en partie. C'était un bel animal. Du garrot au sabot, il ne mesurait pas moins de trois coudées. Les naseaux baissés à ras de terre soufflaient une haleine fétide. Le colosse, dans son épaisse fourrure de laine et de crin, donnait une impression de force tranquille.

Chaab devina que sa présence avait été éventée lorsqu'il vit le chef de la harde frotter ses paupières contre ses jambes de devant. C'était le geste de tous les mâles en présence d'un danger immédiat. Ils parvenaient ainsi à enduire les longs poils de leur front d'une humeur sécrétée par une glande située sous l'œil, qui les raidissait et les empêchait de retomber et de voiler le regard. Chaab sourit. Cette précaution n'épargnerait pas à la bête monstrueuse d'être abattue. Il se mit à injurier le chef à voix basse. Quels animaux étaient plus sots que les bœufs musqués ? Quels animaux étaient plus lâches ? Ils se laissaient porter par le courant des migrations, aussi passifs que des feuilles sur la rivière, obéissant aux Puissances qui les conduisaient inexorablement vers les armes et les pièges des chasseurs. Chaab accablait le jeune chef de son mépris comme s'il se fût agi d'une arme qui eût pénétré lentement dans la chair de sa victime.

Il était temps d'agir. Un flottement se produisait dans le cercle de la harde. Du centre montait la voix grêle des petits terrorisés par l'approche mystérieuse de l'homme.

Chaab avança de quelques coudées. Il était si près maintenant qu'il pouvait entendre, à chaque foucade qui balayait la pente enneigée, cliqueter dans les robes laineuses les pendeloques de glaçons qui formaient sur l'échine une carapace uniforme.

Dans l'attente du combat, le jeune chef trompait son inquiétude en fouillant à coups de mufle dans la neige pour y découvrir quelques brins d'herbe gelée. De temps à autre, il se tournait vers le chasseur, poussait un bref meuglement, donnait des coups de tête nerveux à droite et à gauche, sans bouger de place, comme soudé à la neige par ses sabots et sa toison ventrale sur laquelle il paraissait reposer. Allait-il se décider à s'éloigner ? Allait-il charger ? Chaab eût été bien incapable de le dire. Qui peut savoir les impulsions transmises à ces montagnes de chair par un instinct venu du fond des âges ?

Chaab se décida enfin. Il banda son arc, visa un point vulnérable, au défaut de l'épaule. L'arc se détendit avec un long frisson sonore et la flèche à pointe d'os s'enfonça dans la chair. Chaab se releva à demi, prêt à détaler pour échapper à une contre-attaque du mâle.

Le jeune chef avait bondi sur place et, poussant un beuglement lamentable, s'était affaissé sur ses jambes de devant. Il releva la tête, huma l'air de son mufle qui dégorgeait un sang noir.

Alors, la poitrine grondante de joie, Chaab se releva lentement, prit son harpon à deux mains et s'approcha du monstre. Tandis que le reste du troupeau refluait en désordre, sans empressement, vers la forêt, il resta quelques instants face à face avec le jeune chef qui paraissait touché à mort. Puis, levant son arme, il la planta à toute volée dans le garrot et recula en poussant un cri de victoire. En bas, Gamoh puis Barath venaient de se précipiter dans sa direction.

Le chef du troupeau s'était couché sur le flanc, ses sabots couverts de poils blancs battant l'air. Un mugissement d'agonie traversait sa gorge pleine de bave et de sang.

— Il faut l'achever, dit Gamoh.

Il tira de sous sa pelisse un long poignard d'ivoire taillé dans une défense de mammouth, le tendit à Chaab.

— Nous allons nous occuper des autres bêtes, dit Barath d'une voix triomphante.

Chaab prit le poignard, choisit avec précaution la place où il frapperait, puis, poussant un cri sourd, il se laissa tomber contre le flanc du monstre, l'arme enfoncée dans la chair jusqu'à la garde.

Il retira le poignard gluant de sang, l'essuya contre les crins bruns, tandis que le reste du groupe s'approchait avec précaution.

— Toi, Legh, qui es le plus agile, dit Chaab, tu vas courir jusqu'à la tribu prévenir Deïwo. Dis-lui qu'il envoie les femmes avec une dizaine de traîneaux. Fais vite !

A peine avait-il achevé, que Chaab était projeté en l'air par une brusque détente du monstre. Au cri qu'il poussa, quatre chasseurs brandirent leurs sagaies et clouèrent au sol le chef du troupeau avant qu'il puisse piétiner de ses sabots acérés le corps de Chaab.

Chaab se roulait dans la neige en gémissant, les mains plaquées contre son ventre. Les cornes féroces, déchirant la pelisse, avaient lacéré la chair en plusieurs endroits. Gamoh se pencha vers lui et commença à défaire le vêtement de fourrure.

— Non, dit Chaab. Non. Occupez-vous des bêtes.

Puis ses yeux se refermèrent sur une nuit de sang.

**

Yawna s'approcha de son père, étendu au creux de la caverne, entre le large foyer de pierre où rougeoyait un gros nœud de braises, et le fond de l'abri occupé par les caissons de pierre qui servaient à ranger le sel et les provisions.

Chaab vivait toujours. C'était un homme robuste et endurant qui n'en était pas à sa première blessure de chasse. Il ne pouvait mourir ainsi, alors que sa peau était encore toute chaude de vie, que son âme l'habitait, repliée au plus profond de ses fibres, refusant de s'abandonner aux Puissances de la Nuit.

« S'il vit encore demain, avait proclamé Awah, le

vieux sorcier, il sera sauvé. » Chaab vivait et le jour était proche.

Le cœur débordant de joie, Yawna alla secouer l'épaule de son frère, Ayud, qui dormait sur son lit d'écorces.

— Le père vit ! dit-elle. Va vite prévenir le chef Deïwo et tous ceux de la tribu !

Ayud prit à peine le temps de revêtir son pagne de cuir et négligea, malgré le froid très vif de l'aube, de jeter sa pelisse sur ses épaules. Il souleva le ridcau de peaux de rennes raidi par le gel, plongea sans hésiter, à demi nu, dans l'âpre bise qui balayait le flanc de la falaise. Yawna l'entendit crier à tous les échos, d'une voix contractée par l'émotion :

— Chaab vit ! Chaab est sauvé !

En quelques instants, tous les abris s'ouvraient, les étroites rampes de pierre ou de bois qui menaient d'un bout à l'autre et de haut en bas de l'immense fronton de roche bordant la rivière grouillaient d'hommes et de femmes tirés de leur sommeil et qui couraient en agitant les bras, au risque de faire s'écrouler les précaires passerelles de rondins. Yawna songea que, d'ici quelques instants, toute la tribu serait informée de la guérison du chasseur. Le soir ne tomberait pas avant que toutes les tribus qui s'échelonnent le long de la Rivière Noire ne connussent la bonne nouvelle. Car les nouvelles allaient vite, d'autant plus vite que la renommée de Chaab s'était étendue jusqu'à des contrées situées à des journées de marche, des grands glaciers du nord où rennes et mammouths remontent au cœur de la saison des moustiques, jusqu'aux lointaines montagnes du sud où vivent des peuplades nues à la peau bronzée.

Encore essoufflé de la course et transi de froid, Ayud s'apprêtait à s'engouffrer dans son abri lorsqu'une main sèche s'accrocha à son bras. A travers la pénombre, il reconnut, emmitouflée dans une épaisse toison d'ours, une très vieille femme, Ankah, qui vivait seule dans un repli très humide de la caverne, séparé de la demeure de Chaab par une mince cloison de peaux tendues sur une armature de branchages.

— Ayud, dit-elle de sa voix brisée, je savais qu'Awah guérirait ton père et que les pierres magiques finiraient par opérer.

Elle serra davantage encore le bras d'Ayud, l'attira plus près d'elle, l'obligeant presque à coller son oreille contre sa bouche édentée.

— Chaab est guéri, mais prends garde ! Certains le regretteront.

— Qui donc ?

Les doigts d'Ankah serrèrent comme une corde le poignet d'Ayud et le secouèrent violemment.

— Tu le sais ! Tu le sais bien ! Le chef Deïwo, le jeune sorcier Toloo...

N'eût été le respect qu'il avait pour les vieillards, Ayud eût craché des injures au visage d'Ankah. Il se contenta de desserrer l'étreinte de la vieille qui continuait à prodiguer de vagues conseils qu'Ayud n'entendait plus.

Lorsqu'il rentra dans la chaude atmosphère de l'abri, Yawna avait ranimé le feu en jetant sur les braises quelques brindilles de genièvre qui brûlaient sans dégager de fumée. Il découvrit le torse velu du père, chercha de la main à travers l'épaisse toison l'endroit où battait le cœur. Le petit mouvement de vie qui l'animait était presque insensible mais il suffisait à Ayud pour le convaincre que Chaab était sauvé.

Les pierres magiques étaient toujours là, pendues à son cou, par un tendron de renne, près de l'atroce blessure infligée par la corne du bœuf musqué, et Ayud avait l'impression de les voir rayonner à travers la poche de cuir qui les renfermait. Il rabattit brusquement la fourrure, comme s'il venait de surprendre l'élaboration d'un mystère dont dépendait la vie de son père. Puis il sourit à Yawna qui l'épiait, assise sur ses jambes repliées.

Ayud dit d'un air pénétré :

— Awah est grand. Lorsqu'il mourra, ce sera un malheur pour la tribu. Il faut que j'aille moi-même le prévenir.

Ankah était rentrée dans sa tanière et Ayud l'entendit tousser comme si elle allait rendre gorge. Il s'arrêta pour respirer une lampée d'air frais. L'horizon était d'une pureté de cristal. Très loin, sur le ciel rose, se dessinait la ligne blanche des forêts enneigées, là où se situaient les territoires de chasse des hommes des Marécages. Sur la colline de l'est, un nuage étendait sur le plateau une aile de feu tout effilochée qui annonçait une journée de grand vent. Déjà, des vagues d'air glacé remontaient la vallée en léchant à petits coups le seuil des abris. C'était encore l'hiver mais le printemps n'allait plus tarder : on le sentait lever dans les terres lourdes, de chaque côté de la rivière et s'apprêter à faire éclater les glaces dans un bruit de tonnerre.

Ayud s'élança joyeusement sur la corniche, s'appuyant à la balustrade de branchages pour se relancer en avant. Les abris bourdonnaient de conciliabules. Chaab, Chaab était sauvé...

Essoufflé, Ayud ralentit son allure, en arrivant dans la faille imposante creusée entre les deux falaises. Il y avait là un arbre immense, un chêne, le plus haut et le plus puissant de toute la région, dont les racines s'infiltraient jusqu'au creux des abris. La foudre s'en prenait à lui de temps en temps, l'amputait d'une branche, plongeait sa sagaie de feu jusqu'à son cœur sans parvenir à l'abattre. C'est là que nichait Awah le sorcier. Il s'était aménagé dans le tronc évidé à la base, un abri tout juste assez large pour dormir, couché en rond, comme un chien sauvage ou un loup. Il se refusait à dormir ailleurs et prétendait tenir sa force à la fois de l'arbre et de la foudre qui le visitait. Il aimait à dire qu'il partageait le nid de la foudre et qu'elle ne le toucherait jamais. De fait, par les pires orages, Awah demeurait imperturbablement assis dans l'attente d'une visitation sacrée. Un été, la foudre lui avait brûlé la barbe et, le lendemain, il avait découvert au pied de l'arbre une pierre de forme étrange qu'il avait recueillie pieusement, persuadé qu'elle était un don des forces obscures qui régissent le monde.

Awah devait être réveillé car Uluka, sa servante, s'activait autour du feu en grommelant comme à l'accoutumée.

— Avance ! cria une voix sèche.

Awah était déjà à sa toilette. Torse nu malgré le froid piquant, ses jambes croisées devant lui, il puisait de ses mains longues et sèches l'eau contenue dans un récipient de peau et les passait, ruisselantes, dans sa barbe. Cette barbe, immense et drue, était l'orgueil d'Awah et il la soignait avec une sorte de passion. Par contre, il avait le crâne nu et lisse comme un galet, ce qui l'obligeait à se coiffer d'un énorme couvre-chef taillé dans une peau d'ours, les poils en dehors.

— Comment va Chaab ? demanda le sorcier.

— Il a passé une nuit paisible, répondit Ayud. Il est sauvé, n'est-ce pas, puisqu'il vit ?

Le vieillard ne parut pas entendre. Ayud n'ignorait pas que Chaab et le vieux sorcier ne s'aimaient guère. L'été précédent, Awah avait échoué dans la guérison de l'épouse de Chaab, emportée par une maladie mystérieuse devant laquelle le sorcier était demeuré impuissant. Chaab ne lui avait pas pardonné cet échec qui le privait d'une compagne courageuse et dévouée. Il l'avait sommé à comparaître devant le Conseil des

Anciens, et la vénérable assemblée avait décrété un blâme pour le sorcier. Awah avait regimbé contre l'affront que Chaab lui avait infligé publiquement. Mais il n'avait pu se résoudre à le laisser mourir ou à le confier aux mains du jeune sorcier Toloo, ce qui serait revenu au même.

— Je souhaite que Chaab vive, dit Awah, après un interminable silence. Qu'il vive et que nous nous réconciliions.

— Je suis sûr qu'il te pardonnera, dit Ayud avec feu.

— Je le souhaite aussi, bougonna le vieux sorcier. Maintenant, retourne auprès de ton père. Tu veilleras à ce qu'on ne lui ôte pas les pierres magiques. Je viendrai dans un moment avec mes herbes et ma pierre de foudre. En attendant, veille à ce qu'il ait des pierres chaudes autour de lui.

Le sorcier, d'un geste délicat, prit une arête de saumon et, gravement, entreprit de peigner sa barbe fluviale.

Peu après, il pénétrait dans l'abri de Chaab, découvrit le corps, hocha la tête. Le coup de corne avait mis le foie à nu, mais sans le toucher. Le chasseur avait une jambe fracturée en plusieurs endroits, mais les os se ressouderaient à la longue. Par contre, la blessure à la base du cou était plus grave, car le sang de Chaab s'était échappé par cette plaie en abondance.

D'un sac en peau de renne, Awah retira des sachets d'herbe, sa pierre de foudre et un mystérieux récipient fait d'un gros os creux peint à l'ocre rouge.

— Toi, dit-il à Yawna, va-t'en !

Yawna se retira sans protester. Les opérations magiques qui appellent la guérison ne souffrent pas la présence des femmes.

Awah ouvrit alors le sachet pendu au cou de Chaab, en sortit ces pierres magiques qu'il appelait les « filles

19

du soleil ». Grosses comme des noix, elles avaient l'apparence de morceaux de glace d'une incroyable pureté, au point qu'on pouvait voir à travers elles et qu'il en sortait parfois des faisceaux de lumière colorée. La gorge serrée, Ayud vit le sorcier faire rouler les pierres au creux de sa main et les disposer, avec des précautions infinies, en divers points du corps. Puis, d'une voix sourde et curieusement modulée, il prononça diverses invocations en montrant de son index osseux les blessures et les fractures. Après quoi, il replaça les pierres dans leur sachet et, se levant avec effort, alla jeter dans le feu quelques pincées d'herbe puisée dans un sachet. Une odeur balsamique baigna l'abri et Ayud la respira avec délices. Il savait qu'elle contribuait à éloigner du malade les esprits qui, à la faveur des blessures, risquaient de pénétrer dans le corps de Chaab.

— Fais chauffer de l'eau, ordonna Awah. Chaab va revenir à lui et j'en profiterai pour lui faire boire une tisane brûlante. Tu entends ? Brûlante...

Ayud se précipita vers le foyer, vida le contenu d'une outre dans un récipient de peau et jeta dans l'eau des pierres rougies qu'il avait retirées du cœur des braises. L'eau se mit à chanter.

Le sorcier ouvrit le petit récipient en os, fit couler au creux de sa main une poudre jaune qu'il jeta dans l'eau. Il attendit quelques instants avant de réclamer un gobelet, façonné dans un cubitus de renne, qu'il remplit de tisane. Tandis qu'Ayud soulevait la tête de son père — elle lui parut lourde comme un roc — Awah descellait les lèvres et versait dans la bouche du patient un peu du liquide brûlant. Chaab poussa un gémissement qui s'acheva en gargouillis, vomit le liquide et ouvrit des yeux pleins de brume. Il parvint cependant à avaler quelques gorgées, puis son corps immense se contracta. Aux endroits où l'enduit de graisse avait été nettoyé, la peau se recouvrit d'une sueur légère, puis de plus en plus abondante. Awah sourit à travers sa barbe et frotta ses mains sèches comme du bois. Maintenant, le corps de Chaab se retrempait à la source de vie, net comme le corps d'un enfant. Et c'était bien le corps d'un enfant que le sorcier avait entre ses mains, qu'il venait d'arracher aux ténèbres et contemplait comme le témoignage d'un prodige. Il n'éprouvait aucun orgueil de cette victoire, simplement le sentiment d'avoir été une nouvelle fois placé à la frontière des forces de la lumière et de la nuit par le Maître des Destinées pour servir de rempart aux maléfices. Ce n'était pas sa première guérison, mais celle-ci revêtait à ses yeux une importance considérable. Elle allait le réconcilier avec Chaab, le meilleur chasseur de toutes les tribus de la Rivière Noire, des Grandes Falaises, des Marécages et de la Rivière Verte. Elle allait aussi proclamer sa propre puissance et faire définitivement rentrer dans l'ombre ce mauvais sorcier, ce Toloo, protégé du chef Delwo, qui prétendait le supplanter et ne manquait aucune occasion de dénigrer sa science et son pouvoir.

Avant de se lever, Awah prit la pierre de foudre, la serra entre ses paumes, la fit glisser avec une telle agilité entre ses doigts qu'Ayud crut qu'elle s'était multipliée. Les yeux clos, Awah se pénétrait du contact magique, en tirait une puissance nouvelle qui le baignait d'une ineffable euphorie. Lorsque la pierre chut d'elle-même entre ses genoux, il avança vers Chaab des mains tremblantes et, lentement, avec effort bien qu'elles effleurassent à peine le corps, il les promena des pieds à la tête. Maintenant, non seulement Chaab était sauvé, mais sa souffrance serait atténuée et sa guérison s'élaborerait dans une torpeur bénéfique.

— Tu peux appeler Yawna à présent, dit Awah.

Lorsque la fille se fut agenouillée près de lui,

le sorcier lui montra le récipient peint à l'ocre rouge.

— Ceci est un remède très puissant, dit-il. Je te le confie. Tu t'en serviras pour préparer des tisanes. Dans moins de cinq jours, Chaab se lèvera et, avant la saison des moustiques, il pourra de nouveau chasser.

Yawna hocha la tête. Elle fouilla dans une cache, en retira trois superbes peaux de rennes qu'elle avait elle-même tannées avec le plus grand soin.

— Tiens, dit-elle, prends ! Est-ce suffisant ?

— T'ai-je demandé quelque chose ? grommela Awah. Si ton père guérit, je serai suffisamment payé de ma peine.

Il se retourna brusquement vers Ayud.

— Je t'avais dit de veiller à ce que Chaab ait toujours des pierres chaudes autour de lui. Tu l'as déjà oublié ?

Awah remit les pierres de lumière au cou du patient, en recommandant à Yawna d'y veiller comme à un trésor.

Il s'occupait à replacer ses ingrédients et sa pierre de foudre dans le sac de cuir lorsque le rideau de l'entrée s'écarta brusquement.

— Deïwo ! s'écria Awah. Je t'interdis d'entrer !

* * *

Personne n'aimait le chef Deïwo. Tous le respectaient. Tous, sauf Awah et quelques autres qui lui marquaient à peine les plus élémentaires apparences de respect.

Tout ce que les ancêtres au crâne épais, qui vivaient dans la compagnie des grands sauriens et dont on déterrait parfois les cadavres monstrueux, avaient de cruauté, de brutalité, d'appétits exigeants, tout cela se retrouvait en Deïwo. D'où tenait-il une autorité qui s'exerçait non seulement sur la petite tribu au milieu de laquelle il vivait mais sur l'ensemble des peuplades

22

de la Rivière Noire? C'était une chose difficile à expliquer. Chaab l'attribuait à ses origines obscures (Deïwo avait été découvert, alors qu'il n'était encore qu'un enfant incapable de marcher, accroché à un arbre dans un sac de peau); ses parents nourriciers, pour donner du prix à leur trouvaille, finirent par prétendre que l'enfant avait été déposé dans l'arbre par les Puissances du Ciel et ils l'appelèrent Deïwo, ce qui signifie « Ciel brumeux ».

Pour Toloo, qui était à peu près du même âge que lui, cette hypothèse devenait une certitude : il avait vu, alors qu'ils jouaient ensemble, son compagnon accomplir des prodiges ; il avait été, à vrai dire, le seul témoin de ces actions, mais qui se serait avisé de mettre en doute sa parole et celle de Deïwo?

Pour Awah, Deïwo n'était qu'un imposteur doué d'un étonnant pouvoir sur les êtres plus faibles que lui.

Deïwo était d'une puissance physique peu ordinaire. Sa stature dépassait celle de tous les hommes, nomades ou sédentaires, qui avaient fréquenté les territoires de chasse de la Rivière Noire. Ceux qui l'avaient vu une seule fois ne pouvaient l'oublier et, lorsqu'ils se souvenaient de lui, ils retrouvaient en eux l'image d'un arbre au tronc noueux ou d'un roc à forme humaine. Deïwo paraissait indestructible. Toloo affirmait qu'il l'était. Nul ne pouvait prétendre l'avoir vu souffrant d'une de ces épidémies qui, à certaines époques, ravageaient les peuplades. Les blessures qu'il avait pu recevoir au cours des parties de chasse vers les grands glaciers ou des escarmouches avec les petits hommes à peau jaune n'étaient pour lui que de négligeables égratignures. « Seul le mammouth est capable de vaincre Deïwo ! » proclamait Toloo, et Awah lui-même n'en disconvenait pas.

La puissance de Deïwo tenait également à une certaine magnanimité. D'une intelligence fruste, peu imaginatif, de caractère taciturne, il devait à l'inspiration de Toloo une générosité qu'il prodiguait pour compenser les fâcheuses impressions que certains actes brutaux et arbitraires auraient pu provoquer. Il lui arrivait de punir à mort des chasseurs qui lui portaient ombrage mais il faisait preuve de munificence à l'égard de leur épouse et leurs enfants ; il se montrait d'une terrifiante cruauté pour ses ennemis irréductibles, et clément envers ceux dont il était certain qu'ils iraient proclamer ses bienfaits de par le monde.

Toloo, mauvais génie de Deïwo, vivait dans son ombre. Débile et malformé, il aimait en Deïwo tout ce que la nature lui avait refusé. Elle l'avait doté, par contre, d'un esprit vif et perspicace, souple et retors, tourné entièrement vers les forces du mal qui, seules, pouvaient lui permettre de garder intactes des prérogatives péniblement acquises.

Si Awah manifestait une souveraine indifférence pour le chef Deïwo, il n'avait que mépris pour Toloo. Les prétentions du jeune sorcier ne se justifiaient ni par des dons naturels, ni par l'expérience. Il avait, par contre, le pouvoir de faire naître, sur une canine de grand fauve, un os de renne, un ivoire de mammouth ou de rhinocéros, ou sur une simple pierre, des images d'une vérité surprenante mais qui, à l'usage, ne révélaient aucune puissance magique. Et Toloo enrageait. A diverses reprises, vêtu de dépouilles de rennes ou de chevaux, barbouillé de la tête aux pieds de signes qu'il puisait dans de troubles inspirations, il avait dansé dans la grotte sacrée, devant les images colorées, sans parvenir à attirer l'attention du Maître des Animaux. Il n'avait jamais réussi à discerner une pierre magique d'un simple caillou, et ses mains, lorsqu'il les apposait sur le corps d'un malade, demeuraient sans plus de pouvoir qu'une écorce.

Malgré les sollicitations dont il était l'objet, Awah s'était toujours refusé à faire de Toloo son élève et le dépositaire de ses secrets. Il répliquait d'un ton méprisant :

— Retire-toi ! Malgré tout ce que je pourrais t'enseigner, tu serais incapable de jeter un sort à un rat.

Le sentiment de son infériorité accablait Toloo. Awah était le Maître des choses sacrées, et lui n'était rien. Que Deïwo lui retire sa protection et il serait plus fragile qu'un roseau devant une ruée de mammouths. La steppe le fascinait. Il s'y perdait parfois, restait étendu, les yeux clos, au milieu des sphaignes et des mousses géantes, l'oreille collée à la terre pour surprendre une voix, les yeux rivés au ciel pour y découvrir un signe. Tout n'était que silence et vide insondable. Il avait essayé du jeûne et, trois jours durant, dans une caverne isolée, tremblant de peur à la pensée de voir surgir quelque fauve, il était resté immobile, assis à même la terre, ses jambes repliées devant lui, refusant le sommeil et la nourriture, appelant de tout son être une manifestation surnaturelle. On l'avait retrouvé, le troisième jour, ivre de faim et de fatigue, à demi mort de froid et tout aussi vide, tout aussi impuissant qu'auparavant. Awah, lui, pouvait tout ! Un été il était resté sans manger et sans dormir durant une quinzaine de jours. Au retour dans le « nid de la foudre », il avait, d'une voix grave, prédit des choses étonnantes et qui s'étaient réalisées peu après.

Awah était tout et Toloo n'était rien. Le jeune sorcier n'osait l'affronter trop ouvertement car il le redoutait. Tous ceux qui l'avaient bravé s'en étaient repentis. Toloo lui-même...

Un jour, fou de colère à la suite d'un échec, il était venu trouver Awah dans sa tanière, le mettant au défi d'accomplir, là, devant lui, un de ces prodiges qui lui étaient familiers. Awah avait souri finement.

— Retourne dans ton abri, dit-il. Avant que le soleil ne se couche, tu reviendras me trouver. Je te l'ordonne !

A peine revenu dans son abri, Toloo avait senti, dans son bras droit, une douleur, d'abord légère, puis lancinante, enfin insupportable. Il repoussait l'idée d'obéir à Awah et de retourner auprès du vieux sorcier. Lorsque le soleil commença à descendre vers les collines de l'ouest, Toloo serra les dents et se jura de ne pas bouger. Les minutes passaient, l'air prenait la couleur de la cendre et la douleur devenait atroce. Avant que la nuit ne fût tombée, Toloo, cassé en deux, se retrouvait devant Awah.

Le vieux sorcier ramassa une petite figurine d'argile, modelée à la hâte, et la montra à Toloo. Elle portait une épine fichée dans l'épaule. Awah retira l'épine, se mit à masser lentement l'épaule de Toloo qui sentit la douleur s'évanouir peu à peu.

— Maintenant, dit Awah, tu peux essayer sur moi. Prends une poignée d'argile que tu façonneras à mon image et plante une épine où il te plaira.

Toloo avait essayé. Le résultat avait été lamentable. Lorsqu'il était revenu chez Awah, le vieux sorcier s'occupait, le plus naturellement du monde, et sans que la moindre trace de douleur ne marquât son visage, à faire bouillir des herbes en compagnie d'Uluka.

Restait, pour Toloo, une solution extrême : supprimer Awah. Le vieux sorcier serait sans pouvoir devant une sagaie ou une flèche mystérieusement décochées à travers les feuillages.

Il avait exposé son plan à Deïwo qui l'avait très mal reçu :

— Si Awah mourait, qui donc guérirait les malades et interviendrait auprès des Puissances ?

Mortifié, Toloo était resté trois jours sans paraître aux yeux du chef. C'était l'année passée, à la saison des moustiques. Depuis, Toloo s'était gardé de proférer la moindre menace contre le sorcier. Il attendait son heure. Sa revanche serait éclatante.

*
* *

Deïwo se baissa pour passer sous la lourde branche où étaient accrochées les peaux qui obturaient l'entrée de l'abri. L'ordre que lui avait lancé Awah le laissait indifférent. Il s'avança dans la pénombre accompagné de Toloo, s'accroupit auprès du malade après un bref salut aux crânes des ancêtres disposés dans les hautes niches ou fichés sur des pieux dans le fond de la caverne.

— Salut à toi, Chaab ! dit Deïwo.

— Parle à voix basse ! murmura Awah aigrement.

Deïwo laissa retomber sur sa cuisse la main qu'il avait levée au niveau de son visage. Une profonde impression de tristesse se peignit sur ses traits. Chaab avait été pour lui mieux qu'un compagnon de chasse : un maître. Ce qu'il savait de l'art de piéger un cheval sauvage ou de relever des traces de gibier, c'est à lui qu'il le devait en grande partie et de bonnes images toutes chaudes de vie se pressaient dans sa mémoire.

Ayud et Yawna, immobiles, appuyés contre une pile de bois sec, observaient la scène en silence.

La lumière du foyer baignait le torse puissant du chef. Il portait, attachés à un cordon de renne, des scalps prélevés sur le crâne des Hommes Jaunes tués au cours de fréquents combats, et qui se mêlaient à la toison recouvrant sa poitrine, séparés par des canines d'ours. La pelisse de lemming négligemment jetée sur ses épaules dégageait l'ampleur du torse aux pectoraux carrés, les avant-bras énormes, couturés de scarifications rituelles. Un simple pagne de cuir ceignait les reins. Les cuisses musculeuses, couvertes d'une onde de poils roux, étaient nues ; les mollets se gainaient de peaux de loups enveloppant jusqu'aux pieds monstrueux.

Pour bien marquer l'importance de sa démarche et le prix qu'il attachait à la vie du chasseur, Deïwo avait coiffé les cornes de bison qu'il portait dans les grandes circonstances. Il tenait à la main, plaqué contre sa poitrine, le bâton de commandement taillé dans un os de renne et couvert d'images de divinités animales.

Deïwo resta de longs instants immobile, le visage figé, et tous, même Awah, respectèrent son silence. Nul n'ignorait que, dans la lutte que Chaab livrait aux Puissances de la nuit, la présence de Deïwo pouvait lui être d'un grand secours.

Le regard de Toloo, extrêmement mobile sous ses paupières mi-closes, allait du sac de cuir où Awah transportait ses médecines et sa pierre de foudre, à la poitrine de Chaab et au sachet contenant les pierres magiques dont le sorcier tirait une bonne part de son pouvoir. Il avait toujours rêvé de les posséder, bien qu'Awah eût déclaré qu'elles n'obéissaient qu'à lui seul. Appuyé à sa lance, emmitouflé de la tête aux pieds dans un vaste manteau rouge tout clinquant d'amulettes, il gardait une immobilité de pierre. Seuls apparaissaient ses mains grêles et son visage osseux, au front bombé, aux sourcils rares, aux lèvres minces, où les yeux s'animaient d'une vie fiévreuse.

— Chaab guérira, dit Deïwo d'une voix sourde. Mais il faudra aider les Puissances et leur être agréable. N'est-ce pas, Awah?

— Que veux-tu dire? répondit Awah.

Il ne le savait que trop. Il était de coutume, jadis, lorsqu'on attendait des Puissances la guérison d'un être cher, de leur sacrifier une ou plusieurs phalanges. C'était en général le fils aîné du malade qui était choisi pour ce sacrifice. Le sorcier lui tenait le doigt sur un billot et un aide, armé d'un énorme silex tranchant, lui détachait une phalange choisie selon des critères mystérieux. C'était une méthode barbare et Awah s'était, depuis des années, refusé à la mettre en pratique. Outre qu'elle se révélait parfaitement inefficace, elle privait les chasseurs de cette adresse qui avait fait le renom des peuplades de la Rivière Noire, du Grand Sanctuaire au Confluent.

— Je m'y refuse, dit Awah. Les Puissances ont leur content de phalanges lorsque nos chasseurs reviennent avec des doigts gelés.

Deïwo ne parut pas entendre. Il souleva ses lourdes paupières passées au noir de fumée et dit en regardant Toloo :

— Si, dans trois jours, Chaab n'est pas guéri, Toloo offrira aux Puissances un doigt entier d'Ayud.

Tandis que Toloo redressait avec un sentiment d'orgueil sa maigre stature, Ayud, bien qu'il fût un jeune garçon courageux, avala péniblement sa salive, se cramponna au tas de bois auquel il s'appuyait et chercha la main de Yawna.

— J'ai dit ! murmura Deïwo.

Il toucha de la pointe de son bâton de commandement le front de Chaab et se leva. Un nouveau salut à peine esquissé aux crânes des Ancêtres, et, faisant signe à Toloo de le suivre, il se retira.

*
* *

Ce jour-là, Chaab reprit connaissance à deux ou trois reprises, réclamant à boire d'une voix faible, promenant un regard brumeux sur le plafond de la caverne où tremblaient les reflets du foyer.

Deux fois dans l'après-midi, Toloo revint se poster près du malade. Il entrait sans s'annoncer, se promenait en tous sens, appuyé à sa courte sagaie, sans proférer une parole. Parfois, il s'arrêtait et, un genou en terre,

se penchait vers Chaab. Le petit sachet pendu au cou
du malade le fascinait. A sa deuxième visite, sa main
se tendit vers les pierres magiques.

— Ne touche pas à ces pierres, dit Yawna. Awah
l'a interdit.

Toloo dégagea son poignet d'un geste vif.

— Awah... dit-il de sa voix aigre. Comment pouvez-
vous, toi et ton frère, lui accorder votre confiance,
alors qu'il était, hier encore, le pire ennemi de Chaab ?
La façon qu'il a de le soigner ne me rassure nullement
sur le sort de ton père. Je regarde cet homme, et je dis
qu'il est condamné. Il y a des signes qui ne trompent
pas ! Je ne l'aurais pas soigné ainsi, et je l'aurais
guéri.

Il se dirigea vers le caisson de pierre sur lequel Yawna
avait disposé l'herbe nécessaire pour renouveler les
pansements, et le gobelet rouge où Awah avait enfermé
la poudre magique des tisanes. Le dos tourné, il prit
le gobelet dans sa main, haussa les épaules, le renifla
puis le reposa.

— Awah a interdit que l'on touche aux médicaments,
dit Yawna.

— Je m'en vais, dit Toloo. Mais souviens-toi de ce
que je t'ai dit.

Un peu plus tard, la vieille Ankah souleva timidement
le rideau et siffla pour attirer l'attention de Yawna.
Pour prix de sa curiosité, elle lui tendit un morceau de
miel gros comme le poing et s'insinua dans l'abri avant
même d'y être invitée. Pelotonnée devant le foyer, elle
partit dans un interminable monologue. Yawna ne
l'écoutait pas, perdue qu'elle était dans ses pensées
rythmées par le bruit, dans l'abri voisin, d'un tailleur
de silex. Elle se dirigeait de temps à autre vers le feu
pour le ranimer ou y jeter quelques pincées d'herbes
aromatiques qui se défaisaient aussitôt en fumée odorante.

30

— Tu ne m'écoutes pas ! finit par soupirer Ankah. Je vais m'en aller.

— Attends ! dit Yawna.

Elle raconta à Ankah la dernière visite de Toloo et sa sombre prophétie. Ankah cracha dans le feu et ses yeux jetèrent un éclair de haine.

— Toloo a menti ! s'écria-t-elle. Moi, je sais que Chaab vivra. J'ai confiance en Awah.

Yawna se pencha vers le foyer. Sous la fourrure, ses genoux ronds luisaient comme des galets de la Rivière Verte. Elle emprisonna un peu de chaleur dans ses mains et les promena sur sa poitrine nue sous le collier de dents d'ours finement ciselées que son père lui avait donné l'année passée, pour fêter ses treize étés. Elle grelottait, mais c'était plus de fatigue que de froid. Lorsque Ayud serait revenu de la chasse, elle dormirait un peu, entre deux tisanes.

— Toloo et le chef Deïwo, poursuivit Ankah, il faut t'en méfier, ma fille.

— Je sais ! murmura Yawna d'un ton las. Tu me l'as répété cent fois.

Ankah ne parut pas l'entendre.

— Lorsque Deïwo est sorti d'ici, tout à l'heure, il m'a bousculée et a failli m'écraser un pied. S'il arrivait malheur à Chaab, il te prendrait dans son abri et, consentante ou non, tu deviendrais sa femme.

Yawna se dit que la pauvre vieille commençait à déraisonner. Deïwo était déjà marié à Gamah. Il est vrai que cette dernière n'avait plus pour longtemps à vivre, atteinte qu'elle était d'un mal mystérieux qu'Awah était impuissant à chasser de son corps. Elle prit l'écorce ruisselante des mains de la vieille et, d'un index distrait plongé dans la masse onctueuse, se mit à lamper le miel à petits coups de langue.

Lorsque Ankah eut disparu, Yawna retira du feu quelques pierres chaudes qu'elle disposa, selon les

31

prescriptions d'Awah, autour du corps de Chaab. Avec le soir, la fièvre montait et Chaab commençait à délirer. Ce n'était qu'un murmure indistinct. Chaab luttait contre les Puissances, leur disputait les lambeaux de sa chair. « Peut-être, songea Yawna, Toloo disait-il vrai ? Peut-être Chaab va-t-il mourir ? »

Après avoir administré au malade, à grand-peine, quelques gorgées de tisane, elle jeta sur ses épaules une épaisse pelisse et s'avança jusqu'au surplomb de la terrasse.

La nuit n'allait plus tarder à tomber. Les collines, derrière le rideau de saules qui cachait en partie la rivière, prenaient les teintes fauves des robes de mammouths, avec des reflets délicatement violacés, aux endroits dégagés par la neige. En amont, des fumées claires montaient droit vers le ciel, dans l'air calme et froid du crépuscule. Un appel sinistre se répercuta dans les falaises : « Yo... o... o... », et Yawna frémit des pieds à la tête. C'étaient les chasseurs qui revenaient. Elle aperçut le groupe confus de leurs silhouettes minuscules se dessiner contre le ciel rouge, à travers les tiges des châtaigniers qui frangeaient un monticule. Ayud devait être parmi eux. Elle avait besoin de lui, de sa présence, de sa parole. Seule avec son père, elle avait l'impression qu'il allait se dresser soudain sur sa couche, la prendre dans ses bras, l'entraîner avec lui dans les cavernes profondes où gîtent les Puissances de la mort.

Le froid saisit soudain Yawna et elle retourna dans l'abri.

Peu après, Ayud la rejoignait. Il s'enquit de la santé du père, fronça le sourcil en apprenant la visite de Toloo et sa prophétie. Il décida de se rendre auprès d'Awah.

— Non ! dit Yawna. Il reviendra dès que la nuit sera tombée.

Ayud se dévêtit, gardant seulement le pagne de cuir finement effrangé qui lui ceignait les reins. Son visage rond était encore rose de froid. Il avait attaché ses longs cheveux noirs sur sa nuque avec une cordelette pour qu'ils ne le gênent point. Il sourit, ouvrit à demi le rideau qui fermait l'entrée. Un murmure ponctué d'exclamations entra dans la caverne.

— Écoute ! dit-il d'un ton mystérieux. Sais-tu ce dont ils parlent ?

Il s'assit, les jambes croisées, devant le foyer d'argile.

— Nous avons fait une étrange rencontre, dit-il.

Alors que les chasseurs longeaient un vallon étroit, vers le Nord, ils s'étaient trouvés nez à nez avec une petite harde de mammouths, l'avant-garde, sans doute, des premières migrations. Les hommes s'étaient précipitamment jetés dans les fourrés qui couvraient les pentes pour chercher abri derrière les rochers. C'est alors qu'ils avaient remarqué, tandis que la harde, trompes brandies, marquait une hésitation, une forme singulière qui bougeait sur le garrot du chef de la harde, un mammouth d'une hauteur prodigieuse. Ayud, qui avait la vue perçante, n'avait pas tardé à décréter qu'il s'agissait d'un être humain. Les autres durent se rendre à l'évidence, lorsqu'ils entendirent un cri guttural, qui ne pouvait jaillir que de la gorge d'un homme, ordonner la retraite. Sans la moindre apparence de désordre ni de crainte, les bêtes monstrueuses avaient fait demi-tour et la harde s'était ouverte pour laisser passage au chef qui avait pris la tête, en sens inverse, dans un puissant barrissement qui avait fait trembler les collines.

— Je ne pensais pas que cela soit possible, dit Ayud d'un ton pensif. Si je n'avais pas, moi-même, vu cet homme, je n'aurais pas cru un mot de cette histoire. Te souviens-tu, l'été dernier, de ce qu'a raconté Legh ?

Alors qu'il s'était égaré dans la Montagne des Ours, à une demi-journée de marche vers le Nord, il a prétendu avoir remarqué un homme en train de jouer avec des oursons, à quelques pas des parents. On a cru qu'il était fou lorsqu'il a raconté sa rencontre. Aujourd'hui, Legh était avec nous et il a affirmé qu'il s'agissait du même homme.

Ayud laissa son regard errer dans les flammes. Il dit d'un ton pénétré :

— Un homme qui a fait alliance avec les animaux... Yawna, le monde est plein de choses mystérieuses.

**

Les heures de la nuit passaient, interminables, sans rien pour les rythmer que le ululement régulier d'un harfang sur la crête des dernières terrasses, dans le clair de lune glacé.

Seule veillait Yawna. Elle avait dormi un long moment et Ayud ne lui avait secoué l'épaule que lorsque le sorcier était entré, porteur de son éternel sac de cuir bourré de nouvelles herbes.

Awah examina le corps du patient, collant l'oreille à la peau, sondant d'un œil exercé les blessures qui paraissaient saines. Puis il leva sur Yawna un œil soupçonneux.

— Lui as-tu administré les remèdes que je t'avais ordonnés ?

Yawna hocha la tête.

— Je ne comprends pas, murmura le sorcier d'un air las. Ces blessures n'étaient pas assez graves pour entraîner la mort...

Pourtant, Chaab était mort. Il s'était détaché de la vie furtivement, comme une branche sèche que le courant entraîne.

— C'est fini, soupira Awah. L'âme de Chaab est en marche vers les domaines du Couchant.

La main d'Ayud chercha celle de Yawna qu'il serra à la briser. Ils restèrent un moment en silence, mordant leurs lèvres pour que la douleur ne leur arrache pas de larmes, car il ne sied pas de s'attendrir outre mesure sur le sort de ceux que les Puissances ramènent vers elles par les chemins de la Nuit. Pleurer est un signe de faiblesse et de sottise. C'est d'ailleurs un office que les pleureuses remplissent au mieux.

— Je ne comprends pas... Je ne comprends pas... répétait Awah d'un air obstiné.

Peu après, Deïwo pénétrait dans l'abri.

— Chaab était le meilleur chasseur de la tribu, dit-il. Il sera inhumé comme le serait un chef.

Il montra du doigt Awah.

— Toi, dit-il, quitte cet abri et demeure jusqu'à nouvel ordre dans ta tanière. Demain, tu comparaîtras devant les anciens qui te jugeront.

Toloo lui glissa quelques mots à l'oreille et Deïwo reprit :

— Tu laisseras ici tes pierres magiques et tes tisanes. Nous te les rendrons, s'il est prouvé que tu n'es pas le meurtrier.

— Je m'y oppose ! s'écria le vieillard.

Il s'avançait vers Toloo qui, déjà, raflait les médecines et confisquait les pierres encore attachées au cou du mort. Deïwo, de la pointe de son bâton de commandement, arrêta l'élan du sorcier.

Awah n'eut pas de peine à deviner que, désormais, son destin dépendait du bon vouloir de Deïwo. Les anciens en passeraient par la volonté du chef et de son mauvais génie, Toloo. Une immense résignation le saisit. A quoi bon lutter, se débattre ? Cela ne ferait que le désigner avec plus de force à la vindicte de la tribu. Le mieux était de laisser croire à une erreur. Peut-être lui pardonnerait-on?

Avant de partir, il quêta en vain autour de lui un regard de confiance, un signe d'amitié.

— Toi, au moins, dit-il à Yawna, tu sais que j'ai tout fait pour sauver ton père ?

— J'aimerais en être certaine, mais je ne puis plus te faire confiance, désormais. Va-t'en !

**

Lorsque Ankah eut achevé la toilette du mort, on laissa entrer les pleureuses. Deïwo leur avait recommandé de mettre tout leur cœur dans les lamentations. Celles-ci redoublaient chaque fois que le rideau se soulevait pour livrer passage à un nouveau visiteur porteur de présents funèbres : collier de coquillages, lames de silex ou d'os, colifichet d'ivoire, armes de toutes sortes qui accompagneraient le défunt dans son voyage vers les territoires de chasse d'où l'on ne revient pas.

Le corps avait été couché sur un lit de cendres et entièrement badigeonné d'ocre rouge pour lui donner, à travers les ténébreuses régions qu'il aurait à traverser, les apparences de la vie.

L'heure venue des obsèques, le corps fut enveloppé dans une peau de renne, replié dans la position du sommeil, une main sur la poitrine, l'autre sous sa tête. Toloo récita des litanies d'une voix profonde. Puis l'on fit venir Sanah, le plus vieil homme de la tribu, un aveugle doué d'une mémoire prodigieuse qui remontait dans le temps jusqu'aux époques des grands sauriens, quand les Puissances jouaient à créer des êtres étranges et grotesques. Sanah s'assit près du cadavre de Chaab et commença à dévider l'histoire de la tribu. Il la connaissait par cœur et se trompait rarement. Les noms des chefs, les guerres, les migrations, les retours sur la terre des ancêtres, les cataclysmes, et même les exploits de chasse, Sanah n'oubliait rien. L'aveugle parla longtemps, si longtemps que Ankah s'endormit dans son coin et que l'on dut la secouer pour éviter que ses ronflements ne nuisent à la dignité de la cérémonie. Comme on s'y attendait, Sanah termina en ajoutant à cette chaîne séculaire un anneau : Chaab. Il tira de sa mémoire, sans effort apparent, des faits de la vie du chasseur que même Yawna et Ayud avaient oubliés. Puis il réclama pour prix de ses services un pochon de sel et se retira dans un coin de l'abri.

Alors commença l'interminable défilé jusqu'à la grotte des morts où le corps de Chaab séjournerait, en attendant que le sol dégelé permît son inhumation.

Chaab partait alors que le printemps s'apprêtait à gonfler la terre de son souffle et à faire éclater les carapaces de glace des rivières. Il ne respirerait pas l'odeur des premières violettes qui commençaient à pointer à travers l'herbe jaune. Dans la plénitude de sa force, il quittait ce monde auquel il avait été attaché par toutes ses fibres, qui lui avait rendu en joies profondes ce qu'il lui donnait de passion. Bientôt, les premiers groupes de chasseurs remonteraient la Rivière Noire sur la trace des rennes, des mammouths et des bisons qui s'en allaient vers le nord pour fuir la chaleur et les moustiques, et Chaab resterait seul, l'oreille collée à la terre des morts.

Lorsque le cortège fut arrivé au sommet de la falaise, Ankah descendit avec un jeune chasseur, par une échelle branlante, jusqu'à la grotte des morts, fermée par un treillis serré de branches destiné à protéger les corps contre les corbeaux et les oiseaux de proie. On fit suivre le même chemin au corps de Chaab, arrimé à de solides cordes. Ankah lui fit une place entre quelques cadavres racornis installés là depuis le début des neiges. Elle donna congé au jeune chasseur, dégagea le foyer d'argile aménagé au fond de l'abri et, à l'aide des braises qu'elle avait apportées au creux d'une petite niche de pierre enfermée dans une cage d'osier, elle alluma le feu qui, durant une semaine, accompagnerait le mort en errance vers les royaumes glacés de l'Occident.

Par une nuit glacée

— Apsa : un caillou noir... Gerbh : un caillou noir... Atro : un caillou noir...

Quand Deïwo eut fini d'égrener le résultat du vote, il prit les dix cailloux dans sa main et décréta :

— Les Anciens se sont prononcés : Awah est coupable d'avoir laissé mourir Chaab et, avant Chaab, son épouse. Il cessera d'exercer jusqu'à la prochaine saison des neiges. Toloo prendra sa place.

Toloo demanda la parole :

— Le respect que je porte à mon maître, dit-il, m'a fait hésiter avant de prononcer l'accusation que vous allez entendre. Non seulement Awah a laissé mourir Chaab, mais il a attenté à sa vie.

Il y eut un profond murmure. Des barbes grises se concertèrent. Gerbh se leva et dit :

— Il ne suffit pas d'accuser. Nous voulons des certitudes.

— Awah avait des raisons sérieuses de supprimer Chaab. Ils ne s'aimaient guère. Qu'y aurait-il de surprenant à ce qu'il n'ait pas fait ce qu'il devait pour le sauver ?

— Ce n'est pas une preuve suffisante, dit un autre vieillard qui répondait au nom de Sahati.

Toloo sourit, le menton sur la poitrine, fouillant l'assistance d'un regard aigu. Du sac de peau qu'il avait déposé devant lui et qui contenait les médecines d'Awah, il tira le gobelet rouge, fermé par un bouchon d'ivoire.

— Vous reconnaissez, dit-il, ce récipient comme étant de ceux dont Awah se sert pour enfermer ses remèdes?

Les anciens opinèrent.

— Je l'ai découvert, poursuivit Toloo, dans l'abri de Chaab. Il contenait un produit que Yawna devait mélanger aux tisanes qu'elle donnait à son père. Or, il s'agit d'un poison violent.

Les murmures dégénérèrent en tumulte. Toloo fit un signe d'intelligence à Deïwo qui sourit et frappa la terre de son bâton de commandement pour imposer silence.

— Prouve donc ce que tu affirmes ! s'écria Atro.

— En présence du chef Deïwo, dit calmement Toloo, j'ai essayé cette mixture sur un rat. Le voici...

Il tira par la queue un énorme rat de rivière et le jeta avec dégoût au milieu de l'assemblée. Il ajouta avec le plus grand sérieux :

— L'un de vous veut-il tenter à son tour l'expérience ?

Sahati se leva :

— Je demande qu'on amène Awah. Cette accusation est trop grave.

— C'est juste, convint Deïwo.

Tandis que le flacon rouge passait de main en main, on fit quérir Awah. Il se présenta avec les marques de la plus intense sérénité. Il avait soigné sa tenue. Sa barbe était bien peignée et il portait une pelisse sans défaut

— Reconnais-tu ce flacon ? demanda le chef

— Je le reconnais, répondit Awah

— Que contient-il ?

— Une poudre bénéfique. Elle devait aider à la guérison de Chaab.

Deïwo frappa brutalement le sol de son bâton sculpté et dit d'une voix rauque :

— Ce flacon contenait du poison et c'est ce poison qui a tué Chaab.

— Mensonge ! s'écria Awah, blême de colère.

— Prends garde à tes paroles ! gronda Deïwo en redressant sa poitrine rembourrée de scalps. Nous avons fait absorber de ce produit à ce rat et il est mort sous nos yeux en quelques instants.

Deïwo ajouta d'une voix plus calme :

— Awah, la vieillesse trouble peut-être tes esprits. Il se peut que tu aies confondu deux poudres.

— Non ! répliqua Awah. C'est impossible.

— Dans ce cas, dit Deïwo, acceptes-tu d'absorber toi-même un peu de cette poudre ?

— S'il s'agit de celle que j'ai moi-même déposée dans ce récipient, j'accepte sans crainte.

On lui tendit le récipient. Il l'ouvrit, prit une pincée de poudre, la considéra, la respira, secoua la tête dans un signe de dénégation :

— Cette poudre n'est pas de ma composition, dit-il d'une voix tremblante.

— Tu mens ! s'écria Toloo, les yeux exorbités. Tu haïssais Chaab et tu t'es vengé de lui !

— C'est toi, Toloo, s'écria Awah, qui as changé le contenu du récipient !

Deïwo brandit vers le sorcier son bâton d'os.

— Pourrais-tu prouver ce que tu avances ?

— Comment le pourrais-je ?

Après avoir rétabli le calme à grand-peine, Deïwo se leva et dit d'un ton solennel :

— Awah, jusqu'à ce jour, nous avions beaucoup de considération pour toi. Aujourd'hui, nous sommes dans l'obligation de te punir sévèrement. Si nous avions la preuve que tu as tué volontairement Chaab, tu pourrais payer de ta vie pour ce forfait. Cette preuve nous manque. Aussi voulons-nous bien consentir à croire à une erreur de ta part et à te chasser purement et simplement de la tribu.

Awah répliqua d'une voix grinçante :

— Je n'ai pas peur de la mort. N'attends pas que je te remercie de ta mansuétude, chef Deïwo. C'est vrai que Chaab a été victime d'une main criminelle. Mais cette main est celle de Toloo !

Sous le regard implacable qui plongeait dans le sien, Toloo, blême, tenta de protester, mais sa voix se perdit dans le tumulte. Les oreilles bourdonnantes de colère, il entendit la voix de Deïwo intimer au vieux sorcier l'ordre de se retirer.

Awah se retrouva dehors, les mains vides, face à la tribu : une cinquantaine de boules de poils plus ou moins grosses, plus ou moins fauves, installées sur les moindres reliefs de la roche. Seule, Uluka se détacha pour recueillir de sa bouche le verdict des anciens. Awah caressa les cheveux noirs et lisses, le visage bien rond et luisant de graisse d'ours où s'esquissait un sourire.

— La tribu me rejette, dit Awah. Je dois partir.

— Je te suivrai, dit Uluka.

Awah secoua la tête. Le dévouement de la jeune servante n'avait pas de bornes, mais il n'avait pas le droit de l'entraîner dans une aventure dont il ne savait pas où et quand elle s'arrêterait.

— Mon temps est fini, répondit le vieillard, mais pour toi, l'existence ne fait que commencer. Aide-moi à préparer mon voyage...

Tandis qu'Uluka rassemblait quelques objets, Awah réintégrait le « nid de la foudre ». Assis, les jambes croisées, les mains à plat sur sa poitrine, il commença une méditation qui ne s'achèverait que lorsque, sur la colline opposée, apparaîtrait le visage de la lune.

* *

Awah tressaillit, ouvrit les yeux. La lune n'avait pas encore paru. Une langue de feu soulignait le bas du ciel, vers les pays du Couchant. Il tendit l'oreille, s'écria :

— C'est toi, Uluka ?

Deux formes se dressèrent dans l'ombre à quelques pas de l'arbre.

— C'est moi, Ayud, et ma sœur Yawna est avec moi.

— Que veux-tu ? demanda Awah d'une voix aigre. Tu viens me demander des comptes ? Tu es persuadé que j'ai tué ton père ?

— Non ? se récria Ayud. Je sais que tu as dit vrai et que Toloo est le seul coupable. Il avait intérêt à te discréditer pour prendre ta place. Un enfant comprendrait cela !

Sa voix s'animait, grondait comme celle d'un lynx en colère.

— Doucement, dit Awah. Tu prétends que Toloo a tué Chaab par le poison. Encore faut-il le prouver ! Moi, je ne l'ai pas pu et je sais que c'est impossible. As-tu quelque indice ?

Yawna s'avança à la hauteur d'Ayud :

— Toloo, dit-elle, est entré à diverses reprises dans l'abri en ton absence. Il a voulu prendre les pierres magiques mais je l'en ai empêché. Je l'ai surpris tenant en main le flacon rouge. Il se peut qu'il en ait changé le contenu.

— Il se peut... Mais pourrais-tu affirmer que tu l'as vu remplacer la poudre bénéfique par du poison ?

Yawna baissa la tête.

— Non. Mais je suis certaine qu'il l'a fait.

— Moi aussi, Yawna. Mais cela ne suffit pas.

Ayud s'avança d'un pas vers le chêne géant. Il distinguait difficilement les traits du vieillard et se sentait mal à l'aise. Ayud avait l'impression de converser avec une Puissance de la Terre. Il montra sa lance d'un air décidé.

— Je vais tuer Toloo ! gronda-t-il. Yawna m'y aidera. Nous l'avons promis à Chaab et ce qu'on promet à un mort on doit le réaliser coûte que coûte.

— Je reconnais bien là le fils de Chaab, dit Awah. Garde-toi cependant de mettre ton projet à exécution tant que nous n'aurons pas la preuve de la culpabilité de Toloo. Deïwo ne te pardonnerait pas ton geste. Tu paierais de ta vie la mort de ce gredin. C'est un prix trop élevé...

Ayud protesta. Continuer à vivre comme auparavant dans le voisinage du meurtrier de Chaab, cette seule pensée lui était intolérable. Un jour ou l'autre sa main, d'elle-même, planterait une sagaie dans le flanc du mauvais sorcier. Il fallait quitter la tribu au plus tôt. D'ailleurs, Deïwo n'avait-il pas manifesté l'intention de prendre Yawna dans son abri, malgré la présence de Gamah, et de l'épouser dès que cela lui serait possible ?

— Conseille-nous, Awah, dit Ayud.

— Laisse-nous partir avec toi, supplia Yawna.

Awah sursauta et Yawna crut qu'il allait entrer dans une violente colère. Mais le visage du vieillard se plissa d'un sourire.

— Hélas ! je ne vous serais d'aucun secours, dit-il. Privé de ses pierres, le vieil Awah n'est plus qu'une carcasse inutile. J'irai crever, seul, au bord de quelque rivière perdue, vers le Sud. Il n'y a pas une tribu, dans tout le peuple de la Rivière Noire, qui accepterait de m'héberger...

Ayud l'interrompit avec vivacité :

— Accepte ! Nous avons besoin de toi et tu as besoin

de nous. Tu pourras nous aider à subsister en attendant de faire éclater la vérité aux yeux de tous. Car Chaab sera vengé, j'en renouvelle la promesse.

— Accepte ! dit Yawna.

Awah se tut un long moment. Tout ce que les jeunes gens distinguaient de lui, c'était une forme pâle, lovée dans sa niche comme une amande dans son noyau. Autour de lui, la nuit se faisait amicale, sans mystère, et les Puissances restaient dans leur carapace de terre gelée comme de grands fauves dans leur antre. Même sans ses pierres magiques, Awah commandait aux choses et l'on se sentait en sécurité à ses côtés.

— J'accepte, dit Awah dans un souffle.

D'un commun accord, ils décidèrent de quitter le village dans la nuit, sans prévenir qui que ce soit. C'est Ayud qui émit cette exigence.

— Tu sauras pourquoi dans un moment, dit-il. Avant que la lune soit arrivée à la corne du bois, nous pourrons partir.

Il fit signe à Yawna et Awah les regarda se fondre dans la nuit comme des ombres.

..*

Dans une peau de renne largement étendue à même le sol de la grotte, Ayud et Yawna jetèrent quelques outils de silex, des vêtements, un collier ayant appartenu à Chaab. Le tout fut roulé afin de tenir le moins de place possible. Yawna se chargerait de ce lourd fardeau. Ayud porterait la nourriture : des quartiers de viande fumée, des blocs de graisse durcis par le froid, un pochon de sel, ainsi que les armes : deux sagaies, un arc avec une dizaine de flèches et un poignard d'ivoire.

Le garçon fit un signe à Yawna et la fillette passa la tête au-dehors. La nuit était limpide et glacée. Sur la colline opposée, par-delà les brumes de la rivière, une pente de neige brillait d'un éclat irréel. Le cœur de Yawna se serra d'angoisse. Jamais encore elle n'avait quitté la tribu, et surtout pas au milieu d'une nuit pareille à celle-ci, qui déployait ses enchantements et ses mystères.

Ayud s'impatientait.

— Je ne vois rien, dit Yawna.

On parlait encore, dans un abri proche, de la mort de Chaab, du châtiment infligé à Awah ou, peut-être, de la singulière apparition de l'homme aux mammouths. Ces jours derniers avaient été riches en événements.

Ayud prépara une longue lanière de cuir, suiffée avec de la moelle et l'accrocha, enroulée, à la ceinture de son pagne. Il chaussa ses jambières de chasse, aux semelles épaisses, fit signe à Yawna de le rejoindre et lui prit la main. La tête levée vers les crânes des Ancêtres qui grimaçaient sur la corniche, ils murmurèrent à lèvres mi-closes une invocation venue du fond des temps, que Chaab leur avait apprise et qu'il tenait lui-même de son père.

— Je jure de venger Chaab, dit Ayud, les dents serrées.

Ils jetèrent des paquets de mousse sur le feu pour l'étouffer et quittèrent l'abri en silence. En suivant le rebord vertigineux de la terrasse, ils parvinrent à une grossière échelle de bois qui menait aux abris inférieurs. Il y avait là, réunis par des ponts solidement fixés à la falaise, cinq ou six abris, dont celui de Toloo. Il y vivait seul avec une grosse femme venue de la lointaine tribu des Marécages, et qui lui servait à la fois d'épouse et de servante.

Parvenu au seuil de l'abri, Ayud souleva discrètement un pan du rideau durci par le froid. Des flammèches couraient encore sur le foyer, projetant sur les murs suintants d'humidité des lueurs brusques, atténuées par une fumée légère. Ayud distingua les deux corps endormis côte à côte, entre le foyer et l'extrémité de l'abri qui se perdait dans l'ombre. Son regard fouillant l'étroit réduit, il parvint à reconnaître, dans une masse sombre placée au chevet de Toloo, le sac d'Awah, et son cœur bondit de joie.

Sans bruit, suivi de Yawna, Ayud rampa vers les corps endormis. Il se redressa lentement, dirigea la pointe de sa sagaie vers la gorge de Toloo et l'éveilla d'un coup de pied, tandis que Yawna opérait de même avec la grosse femme.

— Un seul cri, dit Ayud, et vous avez la gorge transpercée. Nous ne vous ferons pas de mal si vous ne tentez pas de donner l'éveil.

— Que veux-tu ? gémit Toloo. Qu'as-tu à me reprocher ?

— Je veux ta tête, dit Ayud, les mâchoires crispées, et je viens de jurer devant les Ancêtres que je l'aurai un jour prochain.

Comme Toloo cherchait à se dégager, la pointe de la sagaie pénétra dans la chair et fit jaillir un filet de sang.

— Je t'avais prévenu, dit Ayud.

Il s'assura que la matrone, tremblante de peur, ne donnerait pas l'alarme. Tandis que Yawna sortait de sa ceinture une grosse poignée d'herbe et l'introduisait de force dans la bouche de Toloo en guise de bâillon, avant de lui lier les mains, il vérifia le contenu du sac d'Awah. Les pierres magiques étaient là, mêlées à des tisanes enfermées dans des flacons taillés dans des bois de rennes. Les « filles de la lumière », la « pierre de foudre »... Le cœur d'Ayud se serra de respect et d'émotion, comme s'il se fût trouvé soudain le dépositaire de puissances redoutables. Il referma le sac, constata que le bâillon était solide, de même que les liens. Puis il força Toloo et la matrone à se lever et à le suivre.

Grelottant de peur et de froid, Toloo et la grosse femme se retrouvèrent dans la nuit claire. La lune s'inclinait lentement vers la corne noire du bois et Awah allait s'impatienter.

Le vieillard se précipita au-devant du groupe.

— Qu'avez-vous fait ! s'écria-t-il. Nous aurons toute la tribu à nos trousses si nous emmenons Toloo avec nous.

— Ce n'est pas mon intention, dit Ayud. Je compte simplement attacher Toloo et cette femme à un arbre, loin du village, afin qu'ils ne donnent pas l'alerte avant le jour.

Ayud tendit le sac de cuir à Awah.

— Voici tes pierres et tes médecines, dit-il. Toloo n'en aura pas profité longtemps.

Awah serra Ayud contre sa maigre poitrine. Il se sentait de nouveau habité d'une puissance surnaturelle et prêt à braver les pires dangers. Par un sentier capricieux ils descendirent jusqu'à la rivière qu'ils longèrent en remontant vers le nord. Ils s'arrêtèrent alors qu'ils étaient encore en vue des Grandes Falaises baignées de lune de la base jusqu'au faîte où s'inclinait la silhouette décharnée d'un arbre mort.

— Je crois que ce lieu convient, dit Awah. Au matin, ils pourront être repérés sans peine.

Ayud et Yawna attachèrent solidement le couple de part et d'autre d'un arbre et, malgré ses protestations muettes, l'abandonnèrent à son sort.

— Et maintenant, dit Ayud, où comptes-tu nous mener ?

— En un lieu, dit Awah, où l'on ne viendra pas nous chercher : la Montagne aux Ours.

Ayud se retourna comme si une guêpe venait de le piquer.

— Je sais, dit le vieux sorcier. C'est une contrée particulièrement hostile et dangereuse. Mais nous

devrons laisser passer beaucoup de lunaisons avant
de reparaître devant les hommes.

Il ajouta d'une voix grave :

— Au point où nous en sommes, mieux vaut le voisinage des bêtes que celui des hommes.

Les regards des trois fugitifs se tournèrent vers le
couchant. Au débouché d'une étroite vallée figée dans
le silence, la montagne se soulevait doucement, déployant
de l'ouest au nord ses pentes d'une blancheur irréelle
sous la lune.

Ils avancèrent lentement, comme si la terre risquait
de s'ouvrir sous leurs pas.

La montagne aux ours

La Montagne aux Ours n'était en fait qu'un immense plateau dominant les vallées étroites et abritées des grands froids où les tribus s'étaient réfugiées. De ressauts en ressauts, il atteignait le domaine des bises et des steppes désertes où seuls pouvaient résister, serrés dru comme des murailles, de rares boqueteaux de sapins, de bouleaux et de mélèzes. Le reste n'était qu'espaces désolés, replis marécageux tapissés de mousses géantes et de carrex. Toute l'année durant, sauf à de brèves périodes, le vent y tonnait et balayait une neige qui prenait, au plus fort de l'hiver, la consistance de la glace.

Les abris étaient rares et peu profonds, sauf l'un d'eux sur lequel planait une fâcheuse réputation. Il plongeait, avaient décrété les Anciens, jusqu'aux entrailles du monde, jusqu'au nœud de la vie où s'élaborent les mystères. Certains allaient jusqu'à prétendre qu'il en sortait parfois de ces bêtes fabuleuses comme en connurent les hommes aux grandes mâchoires. D'autres y avaient vu naître des flammes qui soufflaient une chaleur de fournaise à des distances prodigieuses. Mais la plupart de ceux qui avaient poussé jusqu'à ces terres maudites étaient formels : cette taupinière géante était un repaire d'ours. Elle ne payait guère de mine, pourtant, et son entrée était des plus modestes. Des chasseurs qui y avaient pénétré n'avaient jamais revu le jour.

Cette terre avait une autre destination qui ne la rendait pas plus attrayante : elle servait de champ de bataille entre les guerriers de la Rivière Noire et les Hommes Jaunes qui demeuraient à une journée de marche, plus au Nord.

La guerre entre ces deux peuplades durait depuis des générations. Selon Sanah, le vieil aveugle, mémoire vivante de la tribu des Grandes Falaises, c'est une banale contestation au sujet des limites d'un territoire de chasse, qui était à l'origine du conflit. Depuis, on n'avait cessé de se haïr et l'on ne manquait jamais, chaque été, d'aller prélever quelques têtes de part et d'autre. Il n'y avait jamais eu de vastes affrontements de guerriers, mais des combats rapides et brutaux qui laissaient plusieurs morts sur le terrain. La steppe était propice à ce genre de guérillas auxquelles les hommes des deux peuplades avaient fini par trouver un certain agrément : ils pouvaient ainsi satisfaire leur goût du danger, de la cruauté et du pillage. Il ne s'était jamais découvert — et pour cause — de médiateur, puisque chacun, bon an, mal an, y trouvait son compte.

Aucun être humain n'habitait à demeure cette terre hostile. Elle donnait parfois asile à des nomades qui s'installaient pour une nuit dans une combe abritée et repartaient dès l'aube du lendemain, le vent à leurs trousses. Parfois s'y égaraient quelques chasseurs à la poursuite d'un gibier blessé. La contrée était giboyeuse. Des hardes imposantes de bœufs musqués et de chevaux la parcouraient en tous sens d'une allure nonchalante. C'étaient parfois des troupeaux de mammouths qui, talonnés par les hommes au creux des vallées, cherchaient refuge dans une solitude où nul ne viendrait les pourchasser. Les antilopes saïgas s'y multipliaient malgré les ravages qu'exerçaient les bandes de chiens sauvages et de loups qui passaient en rafales sur la steppe. On aurait pu y trouver en abondance des lièvres des neiges, des lemmings à la peau soyeuse, des lagopèdes savoureux. Sur les pentes exposées au midi, les chevaux sauvages, trapus, revêtus de robes laineuses, vivaient en colonies. Pas de grands fauves, sinon d'importantes colonies d'ours en des points précis, et de rares rhinocéros qui traînaient dans les bas-fonds touffus et marécageux leur nostalgie des grandes époques glaciaires.

« Mieux vaut le voisinage des bêtes que celui des hommes », avait dit Awah. Cette heure était celle des bêtes et Awah, en franchissant ces limites, avait l'impression de pénétrer dans un monde baigné d'un mystère permanent.

*
* *

La nuit leur parut interminable.

Lorsqu'ils étaient las d'avoir marché, ployés sous leur fardeau, à travers la neige balayée par un vent âpre tombant de l'est avec une brutalité extrême, ils s'arrêtaient pour respirer à l'abri d'un genévrier, ramassés en boule sur leur chaleur, protégeant leurs doigts qui menaçaient de geler. La buée qu'ils dégageaient en marchant s'était cristallisée sur le capuchon de peau qui leur enserrait le visage et formait une auréole de glaçons. A peine sentaient-ils une relative quiétude les baigner, Awah se levait le premier et donnait le signal du départ.

Ils remontèrent ainsi la Vallée des Mammouths en longeant une petite rivière gelée dont l'eau commençait à murmurer sous la glace. C'est dans ces parages, Ayud s'en souvenait, que, peu de jours auparavant, le groupe de chasseurs dont il faisait partie, avait fait l'étrange rencontre d'une harde de mammouths conduite par un homme. Ayud reconnut aisément les lieux. Sur la pente nord de la vallée, s'ouvraient quelques abris inhabités. Il suggéra à Awah de s'y arrêter pour finir de passer la nuit, mais Awah s'y opposa avec obstination. Ils étaient encore trop près des Grandes Falaises.

Ils reprirent leur chemin dans le torrent de vent qui grondait à leurs oreilles avec parfois de sourdes détonations.

Lorsque la lune se coucha, la nuit était à la moitié de sa course. Un dernier rayon balaya une crête neigeuse, à quelques pas des fugitifs, et dessina un groupe hiératique d'où montait une épaisse buée.

— Des bœufs musqués ! dit Ayud.

Ils formaient, tête au vent, pour mieux protéger les petits, une muraille menaçante, hérissée de cornes acérées, recourbées de chaque côté du mufle. Ils resteraient ainsi, immobiles, sans dormir, tant que soufflerait le blizzard. Ayud se prit à les haïr. Sa main ankylosée serra nerveusement la fusée de la sagaie. Chaab avait payé de sa vie l'insondable sottise de ces monstres à la chair puante. Ayud lâcha une injure et poursuivit sa route, dans l'ombre qui prenait soudain une profonde teinte violette.

Détaché de quelques pas en avant, Awah progressait sans fatigue apparente. Il prenait plaisir à brouiller les pistes, traversant la rivière gelée, remontant sur l'autre versant, franchissant de nouveau la rivière pour se lancer hardiment à l'assaut du flanc nord du plateau en choisissant les thalwegs les plus abrupts et ceux que la neige avait bien dégagés, afin d'éviter de laisser la moindre trace. Il ne cessait d'inspecter le ciel pour y découvrir la montée d'un nuage : une chute de neige eût été providentielle mais il n'y croyait guère.

Peu avant l'aube, alors que les étoiles brillant d'un éclat plus vif annonçaient le jour, Awah s'arrêta au seuil d'un abri peu profond et désert, dominant une vallée plantée de saules nains.

— Reposons-nous, dit-il. Il y a désormais suffisamment de distance entre nous et les Grandes Falaises.

Ayud tourna la tête, dressa l'oreille. Il lui semblait entendre une rumeur lointaine qui progressait dans leur direction, comme le bruit d'un piétinement multiple, accompagné de cris. Ils rentrèrent dans l'abri, attendirent, le souffle suspendu. Il leur sembla que la colline, en face d'eux, se mettait à bouger. Bientôt apparut, remontant la pente dans leur direction, un troupeau d'ombres filant à ras de terre.

— Les loups ! s'écria Yawna.

— Non, dit Ayud. Ce sont des chiens sauvages. Mais ils sont presque aussi dangereux. Ils doivent nous suivre ainsi depuis que nous avons rencontré les bœufs musqués.

Awah les pria de ne pas s'alarmer. Il y avait un moyen de tenir la harde en respect : faire du feu. Ayud fouilla sous sa pelisse, détacha le gros sachet de cuir suspendu à sa poitrine, qui contenait des silex et une poignée de mousse fine et sèche. Tandis que Yawna, précipitamment, rassemblait quelques brindilles et des morceaux de bois mort épars dans l'abri, il battit les pierres avec dextérité. Une flamme claire jaillit bientôt. Peu après, trois petits foyers brûlaient en chaîne devant l'abri. Il était temps. Les molosses s'étaient enhardis. Les plus audacieux, qui s'étaient avancés jusqu'à quelques pas de l'entrée, les yeux en feu, montraient leurs canines avec des grondements irrités.

Au moindre signe de défaillance, Ayud le devinait, les chiens se seraient précipités sur les fugitifs pour assouvir une faim vieille comme leur race. Son instinct lui dicta un réflexe de sauvegarde. Avec l'assentiment du vieillard, il arma son arc, transperça, en tirant au jugé, les flancs d'un molosse qui s'effondra avec un hurlement lamentable. En quelques instants, l'animal était recouvert comme d'une marée par la meute qui le dépeça, traîna son cadavre en tous sens, se disputant ses moindres restes à coups de dents. Il y eut des luttes féroces. Les blessés étaient achevés par les mâchoires impitoyables qui plongeaient dans leur gorge. La scène tournait au carnage.

— Ils vont nous laisser tranquilles jusqu'au jour, dit Ayud.

Personne ne lui répondit.

Allongés dans le fond de l'abri, pelotonnés sur euxmêmes, Awah et Yawna venaient de s'endormir.

***

Les fugitifs avaient repris leur marche dans le jour étincelant et glacé. « Quand nous arrêterons-nous ? » demandait parfois Yawna. N'ayant pas eu son content de sommeil, elle avait de la peine à avancer, lourdement chargée comme elle l'était, à travers la neige dont la croûte craquait sous les pas. Awah lui répondait d'un ton bourru. Qu'en savait-il lui-même ? Ils s'arrêteraient dès qu'ils seraient suffisamment loin pour échapper aux recherches, dès qu'ils trouveraient un refuge convenable. Cela pouvait durer des jours ! Yawna sentait une lassitude infinie l'envahir. Elle se disait qu'ils ne sortiraient pas vivants de cette aventure. S'ils parvenaient à trouver une retraite sûre, ils auraient à affronter les dangers de la steppe, la hargne des Puissances qui vivaient en compagnie des ours dans la grande caverne. Et Yawna se demandait si Awah et Ayud n'avaient pas, brusquement, perdu la raison. Puis, la pensée de Chaab revenait la hanter et elle se disait qu'à tout prendre, elle eût difficilement accepté de vivre, avec à ses côtés, l'odieuse présence de Toloo et de son complice, le chef Deïwo.

Ils marchèrent sans désemparer tout le jour, s'arrêtant pour se désaltérer en brisant la glace des ruisseaux ou pour se sustenter de quelques bouchées de lard et de graisse. Puis Awah se levait et ils repartaient.

Leur progression ne suivait en apparence aucun tracé précis et concerté. Ils atteignaient des hauteurs largement balayées des vents d'où ils pouvaient apercevoir, marquée par un golfe de brume, la Vallée des Mammouths et, au-delà, des horizons qui paraissaient taillés dans une pierre bleue et translucide. Puis ils redescendaient sonder les vallées étroites dans l'espoir d'y découvrir un abri. Mais les abris étaient rares sur le plateau et presque toujours occupés par des familles d'ours en train d'hiverner, roulés en boule, dans leurs nids de terre. Awah s'arrêtait parfois pour s'orienter, traçait des dessins compliqués sur la neige, de la pointe de son bâton, examinait la position du soleil, relançait la marche. On eût dit que le vieillard hésitait à trop s'éloigner de la Rivière Noire et de la Vallée des Mammouths.

Ils ne firent pas de mauvaise rencontre. Ayud aperçut un rhinocéros laineux, accompagné de sa femelle et d'un petit; ils déambulaient dans un fond marécageux en faisant voler la neige autour d'eux à coups de défense pour brouter l'herbe et la mousse. Au milieu du jour, Awah, qui marchait le nez en l'air, buta contre un amas de terre d'un noir verdâtre. Il s'agissait en fait d'un énorme tas de crottes de mammouths.

— Elles sont toutes fraîches, dit Ayud. La harde ne doit pas être bien loin.

Ils l'aperçurent peu après. Un troupeau d'une dizaine de bêtes en train de paître pacifiquement dans une cuvette à l'abri du blizzard. Ayud s'approcha le plus près possible en rampant sur la neige, malgré les protestations de Yawna. Il lui semblait reconnaître le grand mâle qui devait être le chef du troupeau. Il était haut d'au moins dix coudées au garrot et ses défenses magnifiquement déployées en cercle pouvaient atteindre cinq coudées. Il ressemblait à s'y méprendre au mastodonte qu'il avait vu quelques jours auparavant au débouché de la vallée. Mais Ayud ne vit pas trace de l'homme qu'il avait aperçu niché sur son garrot, disparaissant à demi dans les jarres brunâtres. En rebroussant chemin il donna l'éveil aux mammouths. Dans un barrissement qui fit vibrer l'air jusqu'en haut de la colline, le grand mâle ordonna la retraite.

— Je suis sûr que c'est lui, dit Ayud en rejoignant Yawna et Awah. Mais l'homme n'était pas là.

Ayud en fut attristé pour le reste de l'après-midi. Seule, la faim vint le distraire de ses préoccupations. Il tua d'un jet de pierre bien ajusté un lièvre des neiges qu'ils firent rôtir embroché à un bâton.

Alors que le soleil commençait à raser l'horizon des Grandes Falaises, les fugitifs, après avoir marché presque sans relâche, se trouvèrent sur une crête dénudée où la neige avait pris la consistance de la glace. Yawna, la poitrine haletante, se laissa tomber avec son fardeau.

— Je n'en puis plus, dit-elle dans un souffle. Continuez sans moi.

Ayud haussa les épaules.

— Allons, lève-toi. Nous trouverons sûrement un abri avant la nuit.

Awah s'était éloigné de quelques pas, en silence. Il s'accroupit, traça de la pointe de son bâton, dans la neige dure, un nouveau dessin mystérieux, hocha gravement la tête, réfléchit.

— Si mes calculs sont exacts, dit-il, et si mes souve-

nirs ne me trahissent pas, il doit y avoir un abri suffisamment profond, vers l'est. Nous l'aurons atteint
avant la nuit. Je souhaite qu'il soit inhabité.

— Je le souhaite aussi, dit Ayud d'un ton âpre.
Yawna est à bout de forces et nous risquons d'avoir
chacun plusieurs doigts gelés.

— Crois-tu que je ne sois pas las moi-même !
rétorqua vivement le vieillard. Mais je ne me plains
pas. Rien ne vous contraignait à me suivre...

Ayud baissa la tête, aida Yawna à se relever, la sou-
lagea de son fardeau. Awah les attendait.

— Pardonnez-moi, dit-il. Vous connaissez mon
mauvais caractère. Avec moi, vous en verrez bien
d'autres !

Son visage se plissa d'un sourire qui fit éclater ses
lèvres gercées et gicler un filet de sang.

— En avant ! dit-il d'un ton jovial.

Ils marchèrent un long moment, ployés sous les
rafales de vent glacé qui soufflaient à ras de terre. En
se retournant pour encourager ses compagnons, Awah
fronça les sourcils : à deux jets de lance, un grand
mammouth avançait sur leurs traces.

*
* *

L'abri était désert. Il avait fallu tourner en rond
durant tout un jour sur le plateau pour arriver à le
découvrir, mais ce n'était pas peine perdue.

Une puissante arcature de roche festonnée de fou-
gères et de mousses ouvrait sur une salle profonde de
quatre pas et large d'une dizaine. Un dallage grossier,
mal jointoyé d'argile, subsistait d'une ancienne occupation. Des nids d'ours, d'abondantes griffades lacérant les murailles vertes, témoignaient de la récente
présence de plantigrades. Un peu partout, parsemant
le sol de l'abri, des ossements dispersés par les chiens

58

ou les loups. Parmi eux : un crâne humain qu'Awah recueillit pieusement pour l'enterrer sous une pierre.

Le premier soin des fugitifs fut de faire du feu. Le mammouth paraissait avoir perdu leurs traces et il n'y avait à l'horizon aucune présence hostile : ni chiens, ni loups. Par contre, dans l'étroite vallée où semblait naître un ruisseau dont la source disparaissait sous un rideau de saules nains, pullulaient littéralement lièvres et perdrix des neiges qui sortaient au moindre bruit, en curieux, sur le seuil de leur nid, et paraissaient peu farouches. La provende était assurée.

Les fugitifs, après un repas frugal, convinrent de monter la garde à tour de rôle. C'est Ayud qui devait veiller le premier.

La nuit, comme celle qui l'avait précédée, était immobile et glaciale, balayée par rafales d'un blizzard impitoyable. Une étrange luminosité, émanant de la neige, baignait toute chose d'une clarté surnaturelle, bleue ou violette. Le dos tourné au foyer, replié sur lui-même dans l'amas de fourrures dont il s'était revêtu, Ayud détaillait le paysage qui se déroulait devant ses yeux. Peu à peu, il le vit s'animer, se peupler d'une foule de petits animaux occupés à leur chasse nocturne.

C'étaient d'abord les lemmings à collier, à peine gros comme des rats, qui fouillaient en tous sens pour découvrir des brins d'herbe épargnés par le gel. Leur fourrure gris sombre se détachait sur la neige. Ayud s'amusa à les voir prendre la fuite dans toutes les directions à l'approche d'un gros harfang au vol silencieux comme la mort. Au tintamarre que souleva le carnage, les lièvres des neiges avaient fait irruption au bord de leur nid. Dans le champ de vision d'Ayud, ils étaient une bonne douzaine, difficiles à distinguer, avec leur fourrure immaculée, sur le fond blanc de la neige. Ils réintégrèrent leur tanière en respirant les effluves qui annonçaient l'approche de l'hermine. Ayud ne la vit pas. En revanche, il aperçut, à deux pas de lui, signalé par ses yeux de feu et son ombre, un renard au pelage blanc qui avançait vers l'abri d'un pas prudent. Ayud demeura immobile. Le renard fouillait l'air d'un museau inquiet, s'arrêtait, une patte suspendue, faisait mine de reculer, avançait encore, poussé par une curiosité inassouvie, jusqu'à renifler la fourrure sous laquelle Ayud retenait son souffle. Sa main se crispa sur la poignée de sa sagaie, mais, à peine avait-il esquissé le geste de lever son arme, le renard disparaissait d'un bond, s'arrêtait à un jet de lance pour faire la chasse à un lemming, avant de se fondre dans la nuit.

Ayud se plut un long moment à voir s'ébattre les animaux dont la vie nocturne était faite à la fois de plaisirs et de dangers. Puis sa vue se brouilla et il dut se faire violence pour se tenir éveillé. Il contempla d'un œil plein de brume un petit troupeau d'antilopes saïgas à la démarche disgracieuse, qui passa à une portée de flèche. Puis ses yeux se fermèrent. Il se réveilla en sursaut et suça une aiguille de glace pour se tenir éveillé. Il était encore trop tôt pour aller secouer l'épaule d'Awah qui ronflait allégrement, roulé en boule dans le creux d'une fosse à ours.

Ayud finit par s'endormir tout à fait, sa lance entre ses jambes repliées devant lui, accroché des deux mains à la hampe.

Un choc mou l'éveilla. Il ouvrit les yeux comme au sortir d'un vertige, promena un regard brouillé autour de lui. La nuit était toujours aussi calme. Un paquet de neige avait dû se détacher du fronton de la caverne. Rien n'avait bougé et cependant rien n'était pareil. Avec son flair de chasseur, Ayud le devina confusément, sans pouvoir préciser quel changement était intervenu.

Et soudain, ce qu'il vit lui fit courir des pieds à la

tête une onde de panique au point qu'il se mit à trembler sur place. Dans le coin gauche de la caverne, un homme debout l'observait. Ayud songea, l'espace d'un instant, qu'il pouvait s'agir d'un ours, à en juger par la fourrure. Mais celle-ci s'était écartée sur le devant, découvrant entre le cou et la ceinture une vaste plage de peau claire. C'était un homme de haute taille, qui ne paraissait pas armé. Ses jambes étaient enveloppées jusqu'aux genoux de jambières de peau attachées par des courroies. Le reste du corps, hormis un pagne court et la pelisse, était nu, malgré le froid intense de la steppe. Fait étrange dont Ayud fut profondément troublé, la tête, petite et large sous une abondante chevelure, était creusée, à la place des yeux, de deux lueurs phosphorescentes.

Ayud sentait, peu à peu, le calme revenir en lui. La main qui serrait la fusée de la sagaie de plus en plus fort tremblait à peine. Il s'attachait à ne pas bouger, à garder les yeux mi-clos pour laisser croire qu'il dormait. Il ne doutait plus, à présent, que ce personnage ne fût le mystérieux habitant de la Vallée des Mammouths, celui-là même qu'il avait aperçu quelques jours auparavant.

Ayud et le mystérieux inconnu restèrent à s'observer un long moment, sans que ni l'un ni l'autre ne bougeât.

C'est l'homme qui, le premier, rompit son immobilité. Il se baissa, ramassa une poignée de neige et — par jeu ou par défi — la lança en direction d'Ayud. Ayud se dressa d'un bond. L'homme marqua un recul et, tournant les talons, se précipita dans la pente. La sagaie siffla et se ficha dans la neige à deux pas devant lui. Il l'arracha et, sans effort apparent, la brisa sur son genou. Le temps qu'Ayud saisisse sa deuxième sagaie, l'homme était déjà loin, au bord de la source qui donnait naissance au ruisseau. Il se retourna et, constatant qu'Ayud le poursuivait, il força l'allure.

Malgré sa vélocité, Ayud sentait que sa proie lui échappait. Il avait peine maintenant à la suivre des yeux.

Soudain, il vit l'homme s'arrêter auprès d'une haute masse sombre. Ayud reconnut le grand mammouth qui les avait suivis de loin dans l'après-midi. L'homme poussa un léger cri. La trompe du pachyderme l'enleva dans l'espace et le hissa jusqu'au garrot, et la bête s'enfonça silencieusement dans la nuit.

*

— Non, dit Awah, tu n'as pas rêvé.

N'eussent été la lance brisée et les traces de pas laissées dans la neige par l'homme et par le mammouth, Ayud eût cru à un cauchemar. Mais les preuves étaient là.

— Comment est-ce possible ? dit-il cependant. Comment un homme peut-il faire alliance avec les bêtes ? On dit que, dans certaines contrées du Sud et de l'Orient, les hommes sont parvenus à rendre des chevaux et des rennes aussi dociles que des femmes. Mais comment un homme peut-il se faire obéir d'un mammouth ou d'un ours ? Il faut qu'il soit doté d'une puissance surnaturelle.

— Je l'ignore, avoua humblement le sorcier. Peut-être l'homme aux mammouths détient-il un pouvoir. Peut-être est-ce un homme comme les autres mais qui, ayant vécu depuis l'enfance parmi les bêtes, a fini par adopter leur langage, et par surprendre leurs secrets.

Awah parla d'un homme qui, aux temps des Grandes Chaleurs, selon Sanah, l'aveugle à la mémoire incommensurable, avait rencontré une tribu d'hommes lions, aux crinières terribles. Revenant d'un voyage dans le Sud, un nomade avait raconté qu'il existait en bordure de l'océan des peuplades d'hommes qui commandaient à des troupeaux entiers de bovidés. Mais on savait ce que vaut la parole des nomades et quel crédit on peut accorder à leurs fables.

— Il faut que je réfléchisse à tout cela, dit Awah. Rien n'est simple dans ce monde. On croit tout connaître et l'on arrive au seuil de la mort en constatant que l'on ne sait rien, que l'on a encore tout à apprendre.

Durant la nuit, le temps s'était amolli et le vent avait tourné. Il soufflait du Sud et faisait rouler sur l'étendue de la Montagne aux Ours de tièdes bouffées de printemps. De petits nuages blancs flottaient comme de l'écume sur un ciel d'une pureté intense.

A demi nu, Awah se dirigea vers la source. Ayud le vit s'agenouiller entre les saules nains, sur un tapis d'herbe dégagé qui commençait à fumer au soleil. Awah demeura immobile, les mains sur ses genoux, après s'être laborieusement lavé et peigné la barbe. Il avait ôté son bonnet en poil d'ours et son crâne nu brillait au soleil. Awah parlait aux Puissances et toute la terre semblait l'écouter. De petits lemmings venaient sautiller autour de lui. Un lièvre des neiges vint le renifier, dressé sur ses pattes de derrière. Un cheval tout ruisselant de poils fauves descendit l'autre versant de la vallée, vint boire à la source à quelques pas du vieillard, retourna vers sa harde sans trahir la moindre crainte. Après avoir voleté autour de lui, un bruant des neiges et sa femelle vinrent se poser sur ses bras, ses épaules, son crâne, comme si Awah n'avait pas plus d'existence qu'un arbre mort.

Yawna et Ayud restèrent à le contempler de loin, immobiles au seuil de la caverne, sans échanger une parole, de crainte que la moindre manifestation de leur présence ne détournât le vieillard de sa confrontation avec la conscience des Profondeurs.

63

Sa méditation achevée, Awah revint à pas lents, son bonnet posé de travers sur son crâne, l'air rasséréné. Les jeunes gens ne se risquèrent pas à lui poser la moindre question. Le vieil homme parlerait s'il le jugeait nécessaire.

Awah s'assit près du feu, une large tranche de viande fumée en main, qu'il se mit à dévorer sans un mot. Quand il eut achevé, il se mit à grignoter une racine de mauve pour se rafraîchir l'haleine.

— Les Puissances m'ont parlé, dit-il. Chaab dort en paix auprès d'elles, dans le royaume du Couchant, entre les chefs de la tribu...

— Tu l'as vu? Tu lui as parlé? demanda précipitamment Yawna.

Ayud lui décocha une bourrade pour lui imposer silence. Awah fronça les sourcils et poursuivit :

— J'ai interrogé les Puissances au sujet de cet homme qui a fait alliance avec les mammouths. Il n'a pas de pouvoir surnaturel et nous n'avons rien à craindre de lui. Il m'est apparu, tel qu'Ayud me l'a dépeint. Il a des yeux pareils à ceux du loup mais il est enveloppé d'une auréole blanche. Nous le rencontrerons bientôt et nous devrons nous garder de le considérer comme un ennemi. Les Puissances m'ont également parlé de Toloo. Il sera châtié cruellement.

Awah grignota encore quelques airelles, puis il se leva.

— Nous avons de l'ouvrage, dit-il. Il faut rendre cet abri habitable.

Il convenait en premier lieu d'obturer l'entrée en ne laissant subsister qu'une ouverture, la plus étroite possible. Ayud et son vieux compagnon coupèrent dans un boqueteau de bouleaux, une hache de pierre patiemment façonnée par le jeune garçon, de quoi construire une solide palissade. Le soir-même, elle était en place, consolidée à l'aide de gros moellons péniblement dessoudés de leur gangue gelée. Il resterait à la recouvrir de peaux.

Cette tâche fut remise au lendemain.

Ce jour-là se leva dans un épais tourbillon de neige. La pluie lui succéda peu après. La terre détrempée ne permettant guère les sorties, les trois fugitifs passèrent leur journée à tailler des silex. Ayud avait découvert une pente de rocaille, ravinée par la pluie, truffée de nucléus de belle taille. Il les rapporta un à un à l'abri et se mit au travail, aidé par le vieil Awah, tandis que Yawna ravaudait de vieilles peaux avec une aiguille grossièrement façonnée par Ayud.

Ce travail de taille du silex plaisait à Ayud. Il choisissait le bloc avec soin, le tournait et le retournait en tous sens, repérait un plan de frappe favorable et, le bloc bien calé entre deux pierres, le faisait éclater d'un coup précis. Chaque éclat était examiné avec soin et faisait l'objet de la même opération. Entre les mains d'Ayud et celles du vieillard, la matière informe, égoïste, repliée sur son inutilité, pénétrait, laborieusement façonnée, dans le monde des hommes, s'intégrait à leur vie de tous les jours, trouvait sa fin et sa justification. A chaque coup dont il frappait un bloc ou un éclat, à chaque lamelle qu'il façonnait en pesant sur les arêtes avec un bois dur pour leur arracher quelques molécules qui s'écrasaient en poussière blanche et brillante comme du sel, Ayud ressentait confusément, au fond de lui-même, l'impression de dominer la matière inerte, de lui donner forme et vie. Il créait. C'était, selon la dimension des éclats, une hache au fil légèrement arrondi, une lance au profil élégant, un racloir pour les peaux, une lame avec un à-plat bien lisse pour la pression des doigts, des pointes de flèches acérées et une foule de menus éclats que, dans son esprit, Ayud transformait en bijoux aux formes étranges, en outils sans emploi précis, en amulettes qui auraient pu lui servir, s'il avait été sorcier, comme le vieil Awah, à lire la destinée des hommes.

Le soir, sur le manche de son poignard, tandis que le feu pétillait joyeusement, Ayud dessina l'entrée de l'abri avec une pointe de silex et traça au-dessous deux encoches. Ils étaient là depuis deux jours et Ayud envisageait sans déplaisir d'y demeurer toute sa vie. Les souvenirs de la tribu s'éloignaient dans sa mémoire comme s'il l'avait quittée depuis plusieurs lunaisons. Deïwo, Toloo, Ankah n'étaient plus que des images floues. Il en venait à se demander si, la possibilité lui en étant offerte, il accepterait de revenir vivre aux Grandes Falaises.

Quant il eut achevé, il montra son œuvre à Yawna qui hocha gravement la tête.

— Si seulement Chaab était là, dit-elle.

La saison des Rennes s'achevait. On allait, d'ici peu, entrer dans celle des Moustiques et Chaab ne serait pas présent au renouveau de la terre. Yawna revit le grand corps enduit d'ocre rouge que les femmes s'occupaient à coudre dans des peaux de rennes.

Sa tête s'inclina sur l'épaule de son frère. Lui seul, à présent, pourrait la protéger. Ils ne se quitteraient plus. Et Awah saurait intercéder pour eux auprès des Puissances si le destin leur était contraire.

— Nous ne nous quitterons plus, dit Ayud.

Yawna venait de s'endormir avec un sourire heureux. Ayud, le regard perdu dans les flammes, veilla longtemps au cœur de la nuit.

Les eaux profondes

Ce soir-là, Ayud, à l'aide d'une lame de pierre, grava une quinzième encoche au manche de son poignard. Puis il s'endormit en rêvant au printemps qui naissait dans le nid de la terre.

Le lendemain, alors que l'aube venait de se lever, il s'éveilla en sursaut, tiré de son sommeil par une main qui lui secouait vigoureusement l'épaule. Ouvrant les yeux, il aperçut, tout contre le sien, le visage de Yawna éclairé d'un sourire et, entre ce visage et le sien, la fraîcheur odorante d'un bouquet de violettes.

— Je viens de les cueillir, dit Yawna. Elles ont poussé à quelques pas d'ici, à l'abri d'un rocher. Je les guettais depuis plusieurs jours. Sens !

Ayud rejeta ses fourrures et s'étira en bâillant. Des rayons de soleil filtraient par les interstices de la palissade, jouaient à travers la fumée du foyer qu'Awah venait de ranimer.

— Viens, dit Yawna. Ce matin, nous ferons notre toilette à la source.

— Où est Awah ?

— Dès que le soleil s'est levé, il est parti cueillir des herbes. Il ne doit pas être loin.

Ils ramassèrent dans le foyer quelques poignées de

cendres et descendirent en courant, demi-nus, vers la source. L'eau ruisselait de toutes parts. La neige ne subsistait que par franges aux lisières des forêts exposées au Nord. Le printemps commençait à déployer sa force. Dans la vallée, la grande débâcle avait dû commencer depuis plusieurs jours déjà et Ayud imaginait les hommes, immobiles sur la rive, le harpon dardé vers les profondeurs glauques d'où les poissons remontaient craintivement vers la lumière. Cette nuit, les grenouilles avaient chanté. La veille, non loin de l'abri, Ayud et Yawna avaient aperçu une ourse en train de promener ses petits.

L'eau de la source était glacée, mais Ayud et Yawna prirent plaisir à se frotter de cendres, jusqu'au sang, pour arracher à leur peau les miasmes de l'hiver, cette carapace de crasse et de graisse animale qui les protégeait du froid. Ils riaient, s'aspergeaient, s'inondaient des pieds à la tête. Il leur semblait quitter une vieille peau à demi morte, rongée par les sueurs de l'angoisse, de la fatigue, du mauvais sommeil et renaître à un monde nouveau avec un corps régénéré.

— Aujourd'hui, dit Ayud, je vais rapporter un gros gibier. Que désires-tu? Un mammouth? Un bison? Un cheval? Un renne?

— Je me contenterai d'un renne, répondit Yawna. C'est moins dangereux à chasser.

— Va pour le renne! Je te rapporterai le plus beau!

Ayud se sentait débordant de forces nouvelles. Aidé de Yawna, il fit la chasse aux grenouilles, en tua une bonne vingtaine qu'il assommait sur des pierres. Cuites sous la cendre, enveloppées d'herbes aromatiques et de feuilles, elles constituaient un mets délicat et nourrissant.

— Tu m'emmèneras avec toi à la chasse? demanda Yawna comme ils remontaient en courant vers l'abri.

— Non, répondit Ayud. C'est trop dangereux pour une fille. Tu tiendras compagnie à Awah.

Awah les attendait, avec une maigre moisson de simples. Ce pays était plus riche en mousses qu'en herbes à médecine.

— Je vais partir pour la chasse, dit Ayud, et je ramènerai le dieu des Rennes.

Awah faillit se mettre en colère. Il bougonna :

— Ne plaisante pas avec le dieu des Rennes. Tu parles de lui et il t'entend. Si tu le mécontentes, il est fort capable de se venger. D'ailleurs on ne doit pas prononcer le nom des bêtes que l'on va chasser : cela porte malheur.

Il se retira dans le fond de la grotte, et, armé d'une pointe de silex, grava avec beaucoup d'habileté une silhouette de renne en train de paître. Ayud et Yawna l'observaient en silence. Awah se recueillit quelques instants devant l'image. Il s'en détourna brusquement

— Ne va pas à la chasse aujourd'hui, proclama-t-il d'un air sombre. Il t'arriverait malheur.

— J'ai promis à Yawna de lui rapporter du gibier, dit Ayud. Nous avons besoin d'une importante provision de viande, de peaux, de tendons, de bois. Les présages sont-ils si mauvais ?

— Ils ne sont pas favorables.

Ayud insista. Awah lui déconseilla avec force cette expédition. Il avait vu, autour de l'image du renne, se former une brume noire qui noyait les traits de la bête. Yawna intervint, se proposant d'accompagner son frère. Elle pourrait, en cas de danger, lui être d'un certain secours. Awah se gratta énergiquement le crâne, décida d'interroger directement les Puissances. Il fouilla dans le sac de peau qui contenait ses médecines, en retira ses « Filles du Soleil », les fit rouler au creux de ses mains. Isolé au fond de son nid d'ours, il interrogea les pierres magiques.

69

— Les « Filles du Soleil » demeurent muettes, dit-il sombrement. Pars si tu y tiens, mais pas seul. Yawna t'accompagnera.

Ayud bougonna. La place d'une fille n'était pas à la chasse. S'il revenait bredouille, ce serait la faute de Yawna. Les femmes ne doivent en aucun cas, c'est bien connu, suivre les chasseurs dans leurs expéditions. Leur présence éloigne le gibier et attire le malheur.

Devant l'obstination d'Awah, Ayud finit par céder. Accompagné de sa sœur, armé d'un arc, d'une bonne provision de flèches et de deux harpons, il s'éloigna en direction du Sud. Le cœur étreint d'un sombre pressentiment, Awah rentra dans l'abri et se mit à trier les herbes qu'il avait glanées alors que le jour se levait.

•

Ayud et Yawna descendirent vers la Vallée des Mammouths. Ayud connaissait un gué où, l'année passée, à la même époque, en compagnie des autres chasseurs, il avait abattu à lui seul six rennes, ces bêtes stupides qui préféraient mourir plutôt que de changer quoi que ce fût à leurs habitudes. Des générations de rennes avaient passé par là ; des générations y passeraient encore, malgré les flèches et les sagaies qui les attendaient. S'il ne restait qu'un renne, après tant de massacres, les chasseurs le verraient s'offrir de lui-même à leurs coups.

Au milieu du jour, ils parvinrent sans avoir fait de mauvaise rencontre au gué qui servait de passage au gibier. Il était désert, mais des traces de pas et de sang dans les dernières neiges et sur l'herbe jaune indiquaient un récent carnage.

— Ce sont des gens de chez nous, dit Ayud, en examinant les repères : branches croisées, écorces fendues, feuilles épinglées aux troncs par des épines.

Cette Vallée des Mammouths faisait d'ailleurs partie du territoire de chasse de la tribu des Grandes Falaises. Au-delà, vers le Nord, elle appartenait à des tribus de l'amont. Désappointés, ils s'apprêtaient à remonter vers la Montagne au Ours, lorsque Yawna tendit l'oreille.

— Écoute, fit-elle. On dirait un orage.

Ayud colla son oreille au sol et se releva, blême.

— Ce n'est pas un orage. On dirait plutôt que la terre va s'entrouvrir. Regarde !

Ils se retournèrent vers l'amont de la rivière et leurs mains s'étreignirent.

En face d'eux, de chaque côté de la rivière, sur toute la largeur de la vallée, progressait à une allure vertigineuse une vague fauve.

— Les bisons ! s'écria Ayud.

Il se précipita vers un arbre en entraînant Yawna. Mais c'était une protection tellement dérisoire en face de cette marée vivante qui emportait tout sur son passage qu'ils rebroussèrent chemin, se précipitèrent vers la rivière en essayant de gagner de vitesse le troupeau affolé. S'ils pouvaient y parvenir, ils trouveraient, sur le gros rocher détaché de la falaise et arrêté au milieu du courant, une protection efficace. Malheureusement, il s'avérait, au fur et à mesure que les instants passaient, qu'ils ne parviendraient jamais au but.

Ayud le comprit à temps. Il se retourna pour faire signe à Yawna de le suivre. Il l'aperçut, à une vingtaine de pas, immobile, étendue sur une plaque de neige. Le grondement de la harde en folie avait couvert son cri et ses appels. Il rebroussa chemin avec la conscience de se précipiter au-devant d'une mort certaine.

Le troupeau n'était plus qu'à une cinquantaine de pas et, dans les environs immédiats, il n'y avait pas le moindre refuge. Ayud souleva Yawna, la fit basculer sur son épaule et s'élança vers la pente en sachant fort bien qu'avant qu'il ait pu l'atteindre la harde les aurait rejoints, submergés, réduits en bouillie au point qu'on ne pourrait plus distinguer leurs restes dans l'étendue de boue que laissaient derrière elles ces grandes ruées.

Ayud courut jusqu'à l'épuisement de ses forces. En laissant Yawna livrée à son sort, peut-être aurait-il pu atteindre l'anfractuosité de la falaise derrière laquelle il eût été à l'abri. Mais il se refusait à abandonner ainsi celle qui avait partagé chaque jour de son existence. Il l'allongea sur le sol, et, alors qu'elle rouvrait les yeux et portait la main à sa tête blessée, il lui fit un rempart de son corps et, les mâchoires crispées, attendit la formidable avalanche.

La marée grondante avait passé comme un orage roulant à ras de terre, et Ayud et Yawna étaient indemnes. Le torrent les avait épargnés. Son grondement n'était plus qu'un bourdon, ponctué par l'aboiement d'une harde de chiens et de loups qui chassaient de conserve, assaillant les retardataires qu'ils dévoraient sur place.

Ayud et Yawna se regardèrent comme s'ils sortaient de la tombe. Puis leurs regards se portèrent autour d'eux et ils faillirent crier au prodige. Entre eux et la direction d'où le troupeau avait déferlé s'interposaient des fûts d'arbres puissants, couverts d'une singulière végétation filamenteuse d'un brun roux.

— Les mammouths ! s'écria Yawna.

— Ne bouge pas ! murmura Ayud. Ne dis rien !

Ils étaient entourés de cinq ou six mammouths immobiles qui paraissaient ignorer souverainement ces êtres minuscules couchés entre leurs pattes, écrasés de terreur. Sur un barrissement de celui qui paraissait être le chef, la harde défit soudain son cercle et s'ébranla pesamment. Une trompe velue s'égara sur le corps d'Ayud, souffla une haleine chaude sur sa nuque, lui caressa le bras et s'envola avec grâce dans les airs.

Lorsque les mastodontes se furent éloignés, Yawna et Ayud se redressèrent lentement, suivirent des yeux le troupeau qui remontait vers le nord, pareil à des collines en marche, se confondant avec les pentes roussies par le gel.

— La protection d'Awah était sur nous, murmura Yawna dans un souffle.

— Je crois plutôt, dit Ayud, que c'est l'homme aux mammouths qui nous a sauvé la vie. Il se tenait là, avec son troupeau.

Désignant la profonde anfractuosité qui coupait en deux la falaise, il promena son regard sur le lac de boue que le torrent des bêtes avait laissé après lui et au milieu duquel quelques chiens et quelques loups se partageaient avec des grognements de rage les restes d'un jeune bison. Ayud réfléchit quelques instants, se gratta le menton et dit :

— Nous allons suivre les mammouths. Je veux savoir où ils vont et où niche celui qui les guide. Je ne l'ai pas aperçu mais je sais qu'il est juché sur l'un de ces mastodontes, enfoui dans les jarres du garrot.

— Es-tu fou ! se récria Yawna.

Elle chancela en portant la main à sa tête. Ayud écarta les cheveux et dit en riant :

— Ce n'est qu'une bosse. Tu n'en mourras pas.

Il lui fit boire à sa gourde quelques gorgées d'eau fraîche, en badigeonna la blessure et tendit à Yawna un morceau de viande séchée.

— Partons ! fit-il. Les mammouths vont prendre de l'avance et nous risquons de les perdre de vue.

Yawna savait qu'il était inutile de discuter. Ayud n'en faisait jamais qu'à sa tête. Et s'ils rencontraient quelque fauve ? C'était la saison où les rhinocéros laineux devenaient irritables, où les bœufs musqués chargeaient tout ce qui bougeait devant eux, où les ours sortaient de leur tanière après un long hivernage. Ayud ayant perdu l'un des harpons et son arc, comment pourrait-il se défendre ?

Ayud marchait à bonne allure, en sifflotant. D'avoir frôlé la mort de si près lui avait mis dans le sang une ardeur nouvelle. De temps à autre, il se retournait vers Yawna, maussade, et lui faisait un signe d'encouragement.

Ils arrivèrent bientôt en vue des mammouths. Le troupeau ne se pressait guère. Le dernier, un jeune mâle haut tout au plus de six coudées, s'arrêtait pour cueillir délicatement de la pointe de sa trompe une pousse neuve de fougère, une feuille de camarine ou de saule ; il repartait avec un joyeux barrissement lorsque sa mère se retournait pour lui reprocher, par quelques grognements profonds, son goût de la flânerie et sa gourmandise.

Arrivée au débouché d'une vallée qui s'ouvrait dans le flanc nord de la Montagne aux Ours, la harde se regroupa, parut tenir un long conciliabule de trompes agitées, et Ayud, dont la vue était perçante, aperçut distinctement une petite tache claire qui bougeait sur le garrot du chef des mammouths. Sa présence et celle de Yawna étaient-elles éventées ? L'homme allait-il décider de faire charger ses bêtes après avoir sauvé la vie à ces deux êtres dont il ignorait tout ? Ayud et Yawna restèrent le souffle suspendu, dissimulés derrière un bouquet de saules nains.

Un barrissement prolongé du chef, une trompe d'une dimension prodigieuse agitée dans le vent, et la harde prit par la vallée le chemin de la Montagne aux Ours. Ayud respira : cela les rapprocherait de leur abri.

— Awah doit commencer à s'inquiéter, dit Yawna. Il sera en colère si nous rentrons en retard et bredouilles.

74

— Il est toujours de mauvaise humeur. Cela ne changera guère.

— Tu as tort de parler ainsi. Awah est le meilleur des hommes.

Ayud haussa les épaules, prit Yawna par la main et l'entraîna joyeusement à travers la pente semée de bouquets de mélèzes qui gardaient à leurs pieds de petites couronnes de neige.

*
* *

— Où est-il ? murmura Ayud. Je ne le vois plus.

Ils se trouvaient au creux d'une combe très profonde et très noire, bien abritée des vents froids, où avaient poussé à foison, feutrant les pentes, des futaies de châtaigniers et de chênes. Sur les hauteurs, le jour était encore éclatant ; là, c'était presque la nuit. Les pieds enfoncés dans une boue glacée, mal dissimulés par des rideaux de phragmites aux panaches clairs, Ayud et Yawna s'étaient arrêtés derrière la harde immobile au milieu d'une clairière au sol creusé de fondrières. C'est là sans doute qu'ils passeraient la nuit, debout, visités par un sommeil léger dissipé par la moindre rumeur. Quant à l'homme, il avait complètement disparu. Ayud et Yawna avaient beau fouiller l'ombre translucide de la futaie, remonter le long des pentes, ils ne parvenaient pas à le retrouver.

Soudain, Yawna poussa un léger cri.

— Là-haut ! Regarde !

Ayud la jeta à terre d'une bourrade et se plaqua contre elle. Au cri qu'elle avait poussé, les mammouths avaient réagi par des mouvements de trompe inquiets. Ils fouillaient l'air pour y déceler la présence de l'homme ou de la bête que leurs petits yeux myopes ne leur permettaient pas de voir. Le grand mâle s'avança vers le marécage, promena sa trompe à travers les airs en se balançant de droite et de gauche d'un air courroucé. Puis il rejoignit le troupeau qu'il disposa pour la nuit : les adultes, mâles et femelles, en rond autour des petits.

— Qu'est-ce que tu as vu ? demanda Ayud dans un souffle.

— L'homme, dit Yawna. Là-haut, à la pointe d'un arbre. Il regardait vers nous.

— Tu crois qu'il nous a vus ?

— Non. Je ne crois pas.

Ils levèrent ensemble la tête. L'homme avait disparu.

— Nous allons essayer de le retrouver, dit Ayud.

— Non ! Il faut rentrer.

— Retirons-nous à reculons jusqu'à cette grosse souche. Puis nous monterons en rampant vers l'arbre où l'homme était perché.

— Non ! supplia Yawna.

Elle dut suivre Ayud à contrecœur. Ils étaient couverts d'une boue glacée que les déjections des mammouths avaient rendue fétide. Tout un côté du visage d'Ayud était barbouillé d'une vase verdâtre et puante. Yawna en d'autres circonstances, s'en fût divertie.

La manœuvre fut exécutée sans donner l'éveil aux mastodontes qui demeurèrent immobiles dans leur antre. Rampant à travers la futaie puis les taillis, Ayud et Yawna parvinrent à une sorte de terre-plein bien dégagé précédant l'ouverture d'un abri de modestes dimensions.

— C'est la demeure de l'homme aux mammouths, dit Ayud.

Il avait dû pénétrer dans son abri. Effectivement, quelques instants plus tard, un filet de fumée bleue montait sur le ciel crépusculaire en suivant la courbe supérieure de la caverne.

— Cet homme connaît le feu, dit Ayud. Il doit aussi

connaître la parole. Peut-être pourrons-nous converser avec lui. Viens !

— Non ! protesta Yawna. Cette fois-ci, je préfère partir seule.

Elle se retira à reculons et Ayud, à regret, consentit à la suivre.

— Nous reviendrons demain, dit-il. Mais pas un mot à Awah !

Ayud se retrouva à grand-peine dans l'enchevêtrement de vallées qui sillonnaient la Montagne aux Ours. En s'aidant du soleil qui venait de se coucher et de la grosse étoile qui s'était allumée au Nord à travers les brumes violettes, il parvint à retrouver la bonne direction.

Pour ne pas rentrer bredouille, Ayud tua trois lièvres des neiges et deux lagopèdes. Ce maigre gibier ne parvint pas à dérider Awah. Roulé en boule dans son nid d'ours, la tête seule émergeant d'un amas de fourrures, il faisait semblant de dormir. Même la bonne odeur du lièvre grillé à la broche ne parvint pas à le tirer de sa bouderie.

Ce n'est que lorsque Ayud et Yawna se furent allongés côte à côte dans leur niche qu'il consentit, les croyant endormis, à se lever. Riant sous cape et se donnant des coups de coude, ils le virent fouiller dans le petit caisson de pierre où ils enfermaient les restes et se jeter dessus avec une superbe voracité.

Quand il eut tout achevé, rongeant les os, suçant la moelle jusqu'à la dernière parcelle, il sortit pour une dernière petite promenade.

— Maintenant, dormons, dit Ayud.

Ayud ne s'endormit qu'au milieu de la nuit. Les hurlements des loups, les aboiements des chiens, le concert des grenouilles et le miaulement des perdrix des neiges l'empêchaient de trouver le sommeil ; mais ce qui surtout le tenait éveillé, c'étaient le souvenir de leur équipée de la journée et la promesse d'une nouvelle journée non moins fertile en événements.

Il vit à différentes reprises se dresser devant lui, le regard empreint d'une lumière verte, l'homme aux mammouths, mais, réveillé en sursaut, il comprit que cette vision était née de son rêve.

.

L'aube s'éveilla dans une brume de pluie. Sur toute l'étendue de la Montagne aux Ours le vent du Sud traînait de lourds nuages qui s'accrochaient aux hautes forêts de trembles et de mélèzes pour retomber en pluie. L'eau chantait de toutes parts, ruisselait en torrents boueux à travers les mousses et l'herbe jaune de la steppe, gonflait les ruisseaux et les rivières. Lentement dégelée, la terre se libérait de ses eaux profondes. Le printemps se tenait au seuil du monde et les hommes devinaient déjà sa présence dans l'air qu'ils respiraient.

Ce matin-là, Ayud et Yawna restèrent au creux de l'abri, regardant le rideau de gouttes qui ruisselait du front de la caverne creuser un petit fossé tout le long du seuil. Ils comptaient sur la fraîcheur vivante qui venait du dehors par la porte grande ouverte pour éveiller Awah.

— Tu crois qu'il dort ou qu'il fait semblant ? demandait Yawna.

— Il est peut-être malade ? répondait Ayud. Après tout ce qu'il a mangé hier soir...

Aujourd'hui encore, Ayud le devinait, on devrait se contenter de la viande légère des lièvres, des lagopèdes et des grenouilles. La saveur de la viande de renne grillée lui revenait à la mémoire et lui mettait l'eau à la bouche. Il se serait contenté à la rigueur d'un filet de saïga. Mais ce qui, plus que tout, l'accablait, c'était la pensée d'avoir manqué son rendez-vous avec l'homme aux mammouths. Les minutes passaient et, avec elles, l'espoir d'une prodigieuse équipée. Qu'avait-il donc, ce maudit vieillard, à faire le mort ? Avait-il médité de les punir de leur retard de la veille par une longue bouderie ?

Ayud bâilla. Il commençait à se lasser de cette attente qui menaçait de durer. Pour la tromper, il se mit à tailler des silex, espérant en secret que le bruit tirerait le vieillard de sa léthargie. Bientôt, en effet, Awah se mit à bouger dans son nid de fourrure d'où émergea une tête jaune comme un vieil œuf.

Awah promena un regard courroucé sur les enfants qu'il se mit à vitupérer allègrement. Comment osaient-ils troubler le sommeil d'un vieillard ? N'avaient-ils pas appris le respect que l'on doit en toutes circonstances aux anciens, aux sages ? Puisqu'on le tenait pour rien, il préparerait son baluchon et partirait seul. Pensait-on qu'il serait incapable de subsister ? Lui, au moins, saurait comment on chasse le renne !

Ayud et Yawna échangèrent un regard amusé. Les colères du vieillard, pour violentes et acerbes qu'elles fussent, ne duraient guère. Ils continuèrent à tailler leurs silex sans mot dire.

Ce fut bien pis quand Awah eut mis le nez dehors. Un nuage s'était amarré à la crête de la colline et la vallée baignait dans un brouillard si dense que l'on ne voyait plus la source en contrebas. Awah se mit à pester, ne s'arrêtant que pour éternuer. Si les grands froids le laissaient pratiquement insensible, en revanche il supportait mal les pluies de printemps et d'automne, cette humidité qui collait à la peau à travers les plus épais vêtements. Et l'on manquait de bois sec ! Et l'on manquait de viande !

Son accès de véhémence un peu calmé, Awah revint se nicher dans ses fourrures encore chaudes et, le nez humide, son bonnet au ras des yeux, dit avec une infinie lassitude :

— Cette pluie va durer des jours et des jours. L'an dernier, elle s'est prolongée toute une lunaison. Qu'allons-nous devenir ?

Au cœur de l'été, lorsque la chaleur durait au point d'assécher la rivière et de tarir les sources, Awah réussissait, par de longues invocations adressées aux Puissances du Ciel, du haut de la falaise, à faire venir la pluie. N'était-il pas l'ami des orages ? Ils montaient comme un troupeau attentif du fond de l'horizon, traînant derrière eux les nuages de la pluie. Et les hommes, en recevant sur leur peau nue la première ondée rafraîchissante, louaient le pouvoir du sorcier. Mais Awah n'avait jamais pu commander au soleil, peut-être parce qu'il était la Puissance des Puissances et n'en faisait qu'à sa guise. Cet échec, qu'Awah ressentait péniblement, fixait à son pouvoir des limites contre lesquelles il s'irritait en vain.

Awah finit par se rendormir. Ayud en profita pour tenter une sortie et tâcher de ramener quelque gibier.

La pluie avait redoublé de violence et la terre détrempée collait aux pieds nus. Il évita de trop s'éloigner de l'abri, de crainte de s'égarer dans l'épaisseur de la brume. Transi jusqu'à la moelle, il parcourut la vallée entièrement dégagée par la neige mais transformée en bourbier. Ayant aperçu un troupeau d'antilopes aux pelages fumants, il tenta de leur donner la chasse mais dut y renoncer pour ne pas s'éloigner outre mesure. Awah avait raison. Sans réserves, ils risquaient la disette. Les racines que Yawna, assez habile à cette tâche, pourrait collecter entre deux averses, seraient insuffisantes pour leur permettre de subsister.

Ayud revint, tête basse, n'ayant réussi à ramener que quelques grenouilles capturées à grand-peine et un lièvre, harponné de justesse au seuil de son terrier.

Ils vécurent ainsi, des jours et des jours, baignant dans la pluie, la brume, le vent. L'abri lui-même suintait de toutes parts. Un filet d'eau boueuse s'était insinué par une fissure de la roche, inondant le dallage et menaçant de noyer le foyer chichement alimenté. Les fugitifs veillaient sur les moindres braises comme sur leur vie propre, leur jetant de temps à autre quelque brindille sèche pour les ranimer.

Awah ne sortait plus de son nid d'ours. Il toussait sans arrêt, la nuit et le jour, malgré les tisanes que lui préparait Yawna. Les pierres, si puissantes pour les malades qu'il traitait, se révélaient sur lui inopérantes. Il se plaignait d'une brûlure constante à la poitrine.

— Je crains qu'il ne revoie pas le printemps, dit un jour Yawna.

— Il n'a même plus la force de se mettre en colère, ajouta Ayud.

Ils n'osaient penser à ce que deviendrait leur existence sans ce vieillard bougon mais plein d'expérience et de sagesse. Pour eux, il remplaçait Chaab. Il était à la fois le père, le chef et le sorcier. S'il disparaissait, ils seraient livrés nus, sans défense, à un monde hostile. Retourner aux Grandes Falaises ? Il n'en était pas question. Le chef Deïwo ne leur pardonnerait pas leur fugue et l'humiliation qu'ils avaient infligée à Toloo. Il ne se trouverait pas, sur les territoires de la Rivière Noire, de la Rivière Verte ou même des Marécages un seul chef de tribu qui accepterait de les accueillir par peur de déplaire au tout-puissant Deïwo. Restait la peuplade des Hommes Jaunes. Autant se jeter dans la gueule du loup ! Errer dans les terres maudites de la Montagne aux Ours était hors de question : le danger y régnait en permanence dès que l'on mettait un pied hors de l'abri. La condition de nomade comportait bien des attraits ; encore convenait-il d'y être préparé...

La lunaison allait vers sa fin, lorsqu'un matin une

agréable sensation de chaleur tira Yawna de son sommeil. Elle se réveilla en sursaut, craignant que le feu ne se fût soudain communiqué à l'ultime réserve de branches sèches. Elle respira en constatant que les dernières braises achevaient sagement de se consumer dans leur vasque d'argile cuite.

Yawna se frotta les yeux et poussa un cri.

— Ayud ! le soleil...

L'abri était traversé de part en part de rayons fouillant l'épaisseur de la fumée. Ayud bondit hors de sa niche, écarta le rideau maintenu au sol par des pieux et cligna des yeux.

Le soleil inondait la vallée, tassait les brumes dans les creux, faisait scintiller les espaces de steppe reverdie. Cette fois, c'était le printemps. Un lagopède mâle, perché sur un saule nain, le proclamait d'un « rrrroooo » sonore et prolongé. Le jour était assez avancé et la chaleur du soleil faisait fumer les terres sauvages. Un vol de bruants passa dans une rafale de cris. Très haut planaient des hirondelles. Plus haut encore, des rapaces tournoyaient.

Ayud et Yawna restèrent un long moment au seuil de l'abri, les jambes vides de force, à respirer le printemps.

Leur premier soin fut de se précipiter à la source pour une toilette complète. Après quoi, avec beaucoup de ménagements, ils portèrent Awah au-dehors, écartèrent ses fourrures, laissèrent le soleil caresser sa peau nue. Awah ouvrit un œil, le referma avec une grimace, se pelotonna dans ses fourrures et replongea dans sa léthargie.

— Reste pour le surveiller, dit Ayud. Je vais tâcher de ramener de la viande fraîche.

Armé de son arc et de sagaies qu'il avait fabriquées durant sa longue claustration, Ayud parcourut d'un pas chancelant les terres gorgées d'eau. Le grand air vierge et la fatigue lui donnaient une sorte d'ivresse dangereuse. Il devait s'asseoir souvent pour lutter contre le vertige et ne pas s'écrouler sur place.

Vers la moitié du jour, il parvint à abattre une jeune antilope qui broutait des lichens avec quatre ou cinq autres qui ne cherchèrent même pas à faire front. S'il eût été dans son état normal, Ayud eût pu en abattre une ou deux autres de la même harde car l'antilope, réputée pour la rapidité de sa course, se lasse vite de fuir. Ayud trancha d'un coup de poignard la veine jugulaire. Il but à même la plaie un sang riche et chaud, s'en barbouilla joyeusement et, pour remercier les Puissances, poussa une série de cris de victoire qui retentirent d'un bout à l'autre de la vallée.

Ayud ne rentra qu'au crépuscule, exténué. Il comprit qu'Awah avait recouvré la santé en l'entendant bougonner, cent pas avant d'arriver à l'abri. Il ne put aller plus loin. Les mains en porte-voix, il appela Yawna, la vit dévaler la pente à toutes jambes, charger la bête sur ses épaules et remonter allégrement.

Awah offrit le cœur et le foie de la bête aux Puissances après avoir prononcé sur ces organes sanguinolents les formules rituelles.

Ce soir-là, les fugitifs firent le meilleur de leurs repas depuis qu'ils avaient quitté les Grandes Falaises. Awah se chargea lui-même, après qu'Ayud l'eut dépecé, de la cuisson du gibier. La chair était d'une finesse extrême; elle éclatait sous la flamme en libérant une odeur délicieuse et un jus savoureux qui grésillait en pleuvant goutte à goutte sur les braises. Yawna n'avait pas perdu son temps. Après avoir aidé Awah à faire sa toilette, elle avait ramassé du bois mort sous des surplombs rocheux et, à l'aide d'un bâton à fouir, avait déterré dans les creux une belle provision de racines et de tubercules.

Awah passa une mauvaise nuit. Mais c'était d'avoir trop mangé.

Le lendemain, il était le premier debout, et fort occupé à méditer près de la source en se lissant la barbe.

*

— Maintenant, dit Ayud, que nous sommes tirés d'affaire, nous allons retourner « là-bas ».

Ayud montrait l'étendue du plateau, vers le couchant.

Yawna ne se hasarda pas à le contredire. Elle savait que c'eût été inutile et d'ailleurs elle ne pouvait se cacher à elle-même la curiosité qu'elle éprouvait vis-à-vis de l'étrange créature qu'elle avait aperçue perchée dans un arbre, au-dessus du troupeau de mammouths.

— Nous partirons demain à l'aube, sans dire à Awah où nous allons, ajouta Ayud. Inutile de provoquer sa colère. Il a encore besoin de ménagements.

— C'est dangereux, dit Yawna.

— Qu'est-ce qui n'est pas dangereux ? répliqua Ayud.

Il pensait au rhinocéros furieux qui l'avait attaqué la veille et auquel il n'avait échappé que par miracle, à la mère ourse avec laquelle il s'était trouvé nez à nez en pénétrant dans une futaie de mélèzes, au bouquetin qu'il avait blessé d'une flèche à l'épaule et qui l'avait chargé avant de s'écrouler, un harpon planté dans le garrot. Chacun de ces incidents proclamait l'incertitude des lendemains. La Montagne aux Ours méritait bien sa réputation de terre maudite.

Le lendemain, à l'aube, Ayud et Yawna s'éloignèrent de l'abri, lui pour chasser, elle pour glaner, et Awah les laissa partir sans manifester la moindre appréhension.

Quelques heures s'écoulèrent avant qu'ils eussent

pu retrouver l'abri de l'homme aux mammouths. C'était une contrée relativement dépeuplée et exempte de fauves, du fait du séjour des mastodontes et de leur maître. En revanche, une infinité d'oiseaux peuplaient les régions basses et bien abritées de la vallée et les moindres replis des pentes servaient de refuge à des colonies de lagopèdes, qui se tenaient sans crainte sur le bord de leurs abris, et de lemmings qui galopaient en tous sens à la moindre alerte.

L'abri semblait désert. Pas la moindre fumée. L'homme aux mammouths devait avoir quitté son refuge avec le troupeau.

— Avançons, dit Ayud.

Une sagaie dans chaque main, posant avec précaution ses pas sur les feuilles mortes, il parvint, précédant Yawna, à l'entrée de l'abri. Oui, décidément, il était bien modeste de dimensions. Des lianes, toute une chevelure de végétation dissimulait le front de l'entrée. L'ordre et la propreté ne paraissaient pas être le souci majeur de l'homme aux mammouths. Des bûches à demi consumées traînaient un peu partout sur le terre-plein, mêlées à des débris de silex, à des bâtons taillés, à des reliefs de venaison.

Ayud glissa un œil à l'intérieur.

— L'homme n'est pas là, dit-il. Nous pouvons entrer.

— A quoi bon? objecta Yawna.

— Viens toujours. Nous verrons au moins comment il vit.

L'intérieur de l'abri était très décevant. Une caverne habitée par des ours eût été mieux entretenue. Ce qui frappa surtout les visiteurs, ce furent des tas impressionnants de racines, de tubercules, d'écorces, ainsi que des coquilles d'œufs brisées. Sur un tronc évidé en son centre s'amassaient des herbes et des feuilles finement coupées par une lame de silex posée à côté.

Un petit foyer où se consumaient des braises occupait le centre de l'abri. Tout près, quelques bâtonnets épars. Yawna reconnut des tiges de genévrier, très sèches. Les murailles latérales étaient rayées perpendiculairement.

— Des ours ont habité là, dit Ayud. Ils ont laissé les traces de leurs griffes. Regarde !

Les traces paraissaient fraîches.

— Il n'y a pas longtemps que l'homme les a délogés, ajouta Ayud.

Il saisit une branche de genévrier, s'avança vers le fond de la caverne qui paraissait s'enfoncer profond au cœur de la montagne. Il poussa un cri qui se répercuta loin dans la nuit.

— Reviens ! gémit Yawna. Tu ne sais pas ce qu'il peut y avoir au fond.

— C'est justement ce que j'aimerais savoir, répondit Ayud.

Il se sentait soudain toutes les audaces. Cette profondeur, cette nuit, ce silence, l'attiraient. Il songea que les craintes de Yawna pourraient bien être fondées, car un lointain grondement répondit au nouvel appel qu'il poussa. Mais, loin d'en éprouver de la peur, il n'éprouvait qu'une insatiable curiosité. Le sang de Chaab, un sang de chasseur et de guerrier, roulait impétueusement en lui. Il fit un signe impérieux à Yawna qui s'avança en tremblant.

— Prends quelques torches de genévrier, dit-il, et suis-moi.

Ils firent une cinquantaine de pas à travers l'ombre. Les murailles allaient en s'élargissant, constellées de rognons de silex qui accrochaient la lumière tremblotante.

Soudain, la main de Yawna se crispa sur le bras de son frère. Elle montra une niche dans la paroi de droite et retint le cri qui montait à ses lèvres.

— Ce n'est qu'un crâne, dit Ayud pour la rassurer.

Il le prit entre ses mains, le retourna. Il s'en échappa un collier de dents de rennes et de coquillages, comparable à ceux que les femmes confectionnaient pour les échanger avec les nomades contre des pierres de couleur ou de l'ocre rouge.

— Aucun doute, ajouta-t-il. Cet homme venait de notre tribu.

Il se souvenait de ce chasseur disparu à tout jamais alors qu'il s'était égaré, lors d'une escarmouche avec les Hommes Jaunes, dans une caverne. C'était sûrement lui dont il venait de retrouver les restes. Il sentit un frisson le parcourir de la tête aux pieds, ce qui ne l'empêcha pas, après avoir confié le collier à Yawna, de reprendre sa progression.

Ayud et Yawna parvinrent ainsi à une immense salle occupée en son milieu par une table de roche détachée de la voûte en des temps immémoriaux. Par bravade, Ayud bondit sur le bloc, s'y promena, décréta qu'il s'agissait sûrement d'un autel dédié aux Puissances de la Terre et rit à pleine gorge lorsque Yawna le supplia de descendre.

Plusieurs galeries, de dimensions variables, s'enfonçaient dans la nuit.

— Laquelle prenons-nous ? demanda Ayud.

— Aucune ! protesta Yawna : je refuse d'aller plus loin.

— Je n'avais pas l'intention non plus d'aller plus loin. Il n'y a d'ailleurs certainement plus rien. J'ai entendu un bruit tout à l'heure. Ce doit être un torrent qui coule sous terre.

Il était déçu mais s'attachait à ne pas le montrer. D'autre part il convenait en son for intérieur qu'il eût été téméraire de pousser plus avant et de risquer ainsi la mésaventure qui était survenue à l'homme des Grandes Falaises.

Une bouffée d'air frais leur parvint et Ayud s'apprêta à éteindre sa torche en voyant apparaître le jour, quand il s'arrêta, interdit : un bruit de voix venait de l'entrée, accompagné de grognements indistincts. Ayud fit signe à Yawna et, protégeant la flamme de sa torche d'une main, il recula jusqu'à la table de roche.

Ils s'immobilisèrent, haletants, prêtèrent une oreille attentive au silence de la galerie. Seul, le bruit de quelques gouttes d'eau, très loin, leur parvint. Il s'y mêla bientôt une confuse rumeur qui progressait dans leur direction mais ne paraissait accompagnée d'aucune lumière.

— Il arrive, murmura Yawna. Cachons-nous !

Ils se précipitèrent vers la galerie qui leur faisait face, de l'autre côté de l'effondrement rocheux qui coupait la salle en deux. C'était un diverticule large, aux contours nets, bas de plafond. Les parois, truffées de gros silex, présentaient une large bande régulière de calcite blanche comme neige, si blanche et si régulière que Yawna ne put résister au plaisir d'y promener ses doigts.

— Viens ! dit Ayud. Ne nous attardons pas. Si l'homme a repéré nos traces à l'entrée de l'abri, il est capable de nous poursuivre jusqu'au fond de la terre.

Il éprouva en prononçant ces mots une étrange sensation. Chacun savait que le fond de la terre était le domaine des Puissances et que ceux qui arrivaient jusqu'à elles ne revoyaient jamais le jour. Il s'attendait à découvrir des tapis d'ossements humains, des crânes fichés à des pieux ou suspendus à la muraille et, tout au fond de la nuit, dans une salle aux dimensions gigantesques, un être hybride, mi-homme, mi-bête, trônant sur une montagne de squelettes. Il se sentit les jambes molles et des frissons désagréables dans la nuque.

Le diverticule paraissait n'avoir pas de fin. Une puissante avancée de muraille semblait parfois le condamner mais, derrière, il se poursuivait, ouvert par endroits de failles qui plongeaient dans la terre. Ayud décida de se glisser dans l'une d'elles et d'attendre dans un creux de la roche, en dissimulant la lumière, que l'homme ait passé.

Par des ressauts brusques, des degrés de géants, la faille plongeait dans des ténèbres d'où montaient une fraîcheur vive et un lointain murmure d'eau courante. Yawna alluma une deuxième torche, la première s'étant consumée au poing d'Ayud.

— Arrêtons-nous ici, dit-elle. L'homme ne peut, de là-haut, apercevoir la lumière. Nous risquerions de nous égarer en allant plus loin et nous n'avons pas de lumière pour longtemps.

— Ne crains rien, dit Ayud. Nous allons descendre jusqu'à la rivière. Elle ne doit pas être bien loin. Écoute...

On l'entendait murmurer uniment, tout au fond du gouffre, dans son nid de ténèbres, comme une prisonnière qui passerait son temps, nuit et jour, à chanter. Elle était là, à quelques pas, et Ayud ne pouvait résister au désir de la prendre entre ses mains, d'y tremper ses lèvres, de la regarder vivre. Elle était une Puissance comme le Soleil, la Lune, la Terre, le Mammouth. Ayud éprouvait le secret désir de la vénérer et l'ambition d'être le premier homme a découvrir sa demeure souterraine.

Le frère et la sœur s'aidèrent mutuellement à descendre. C'était un exercice malaisé et dangereux en raison de l'enduit d'argile qui tapissait la pente. A plusieurs reprises, ils faillirent être précipités dans la nuit sans fond. Le gouffre où coulait la rivière était plus profond qu'ils ne l'avaient cru, le silence et l'étroitesse de la faille amplifiant le moindre bruit et le rendant proche.

Ils parvinrent enfin à une salle de dimensions modestes, ornée de stalactites et de stalagmites étincelantes dans la clarté indécise de la torche de genièvre. La rivière était là, à leurs pieds, dégorgeant en cascade d'un siphon, si limpide, si calme qu'ils auraient pu marcher dedans sans la voir.

La main d'Ayud pesa sur l'épaule de Yawna et ils s'agenouillèrent en silence, le cœur serré, face au mystère. Puis ils se baissèrent, burent dans la coupe de leurs mains, remercièrent la Puissance de sa générosité.

— Donne le collier ! dit Ayud.

Il le considéra gravement avant de le laisser tomber dans le lit de la rivière.

— Que la Puissance de l'Eau soit toujours favorable aux hommes, déclara-t-il.

Ils restèrent quelques instants en méditation.

— Maintenant, il faut repartir, dit Ayud. Nous n'avons plus que deux torches. Si la lumière s'éteignait, nous ne parviendrions pas à retrouver notre chemin.

L'escalade se révéla plus ardue que la descente. Plus dangereuse aussi. Les pieds s'agrippaient malaisément aux aspérités, glissaient, et il fallait toute la force et la souplesse des deux adolescents, bien qu'ils fussent encombrés de leurs armes et de leurs torches, pour ne pas s'abîmer dans le gouffre et se briser les membres sur les rochers.

Ils luttaient depuis un long moment avec la pente lorsqu'une inquiétude saisit Ayud. Il ne reconnaissait pas les passages qu'ils avaient franchis précédemment. La faille se faisait de plus en plus étroite, alors qu'ils n'avaient eu aucune peine à s'y glisser pour descendre. Lorsqu'il ne trouva plus devant lui qu'une anfractuosité dans laquelle un lemming aurait tout juste pu se frayer un passage, Ayud fut convaincu de son erreur. Il n'y avait d'ailleurs aucune trace de pas.

— Nous avons perdu un temps précieux, dit Yawna. Jamais, nous ne retrouverons la lumière du jour avant que nos torches s'éteignent.

Ayud la rabroua sévèrement. C'était bien d'une fille : toujours à douter de l'issue d'une entreprise, à voir le pire en toute circonstance.

— Rien n'est perdu, dit-il. Nous finirons bien par retrouver l'issue que nous cherchons.

Dans les instants qui suivirent, ils dépensèrent toutes les forces qui leur restaient. Cette fois-ci, Ayud avait retrouvé le bon chemin. Il montra à Yawna les traces de leurs pieds sur la glaise molle. Bientôt, ils débouchaient dans la grande galerie.

Retrouver la sortie de la caverne n'était plus qu'un jeu.

Orka de nulle part

Bien qu'il se sentît encore très affaibli, Awah éprouva le besoin impérieux de descendre jusqu'à la source pour ses ablutions rituelles. Cela lui était aussi indispensable que le boire ou le manger. Après, il se sentait comme régénéré, plein de forces nouvelles, de volonté, d'optimisme. Uluka lui manquait, mais l'essentiel était qu'il disposât, à proximité de son abri, d'une belle source claire.

Awah était plongé dans sa méditation, entre deux touffes de phragmites, quand son attention fut attirée par le cri d'un harfang. Il leva la tête et parcourut du regard l'étendue de la vallée. Le jour était haut déjà et ce cri d'oiseau nocturne avait une résonance insolite. Il n'y avait pourtant pas là de quoi troubler outre mesure sa méditation. Il s'y replongea quand un deuxième cri, à quelque distance, le fit sursauter.

Franchement inquiet cette fois-ci, Awah prit poliment congé des Puissances et se leva pour regagner en hâte son abri.

C'est alors qu'il aperçut, rampant de chaque côté et au-dessus de la caverne, une dizaine d'hommes qui progressaient avec précaution vers l'entrée de l'abri.

Il eut vite fait de reconnaître en eux des chasseurs des Grandes Falaises.

L'un d'eux — Awah reconnut Bichoh — se redressa et, à pas feutrés, s'avança vers l'entrée, la sagaie prête à frapper. Ayant soulevé la tenture de peau, il promena un œil à l'intérieur et, constatant que l'abri était désert, fit signe aux autres qu'ils pouvaient avancer sans crainte.

La première pensée d'Awah fut pour ses pierres magiques et son premier réflexe fut de les défendre. Elles étaient enfouies dans l'amas de fourrures qui lui servait de lit. Les visiteurs ne pouvaient manquer de les découvrir.

Sans prendre le soin de coiffer son bonnet en poils d'ours, Awah s'élança sur la pente en maugréant, parvint tout essoufflé à l'abri.

— Que voulez-vous ? demanda-t-il d'un ton aigre. Qui cherchez-vous ?

— Nous te cherchions sur l'ordre du chef Deïwo, dit Barath. Toi et tes deux compagnons. Car vous êtes ensemble, n'est-ce pas ?

Il montra les nids d'ours.

— Laissez-moi en paix ! glapit Awah. Vous m'avez exilé, oui ou non ?

— Tu oublies le vol des pierres magiques, dit un autre chasseur, nommé Gamoh. Tu oublies aussi, ou tu feins d'oublier que tu as entraîné avec toi Ayud et Yawna et que vous avez failli causer la mort de Toloo. Nous l'avons retrouvé à moitié gelé le lendemain de votre départ. Sa servante n'a pas résisté à l'épreuve.

— Je le regrette, dit Awah. Mais je regrette aussi que Toloo en ait réchappé.

— Il suffit ! l'interrompit Bichoh. Ce que nous sommes venus chercher, ce sont les pierres magiques, ainsi qu'Ayud et Yawna.

— Ils sont partis pour la chasse, dit Awah, et ne reviendront pas avant plusieurs jours.

Le mensonge du vieillard parut ébranler les chasseurs. Ils se concertèrent en silence.

— Et les pierres ? demanda Bichoh.

Awah partit d'un petit rire grinçant.

— Je ne vous cache pas que j'attendais votre visite. J'ai donc mis les pierres en sûreté, loin d'ici, dans un endroit que je suis seul à connaître.

— Il ment ! dit Gamoh. Ces pierres sont ici. Nous les trouverons bien.

— Vous ne trouverez rien ! hurla Awah. Allez-vous-en !

Il porta la main à sa poitrine en suffoquant.

— Je n'en puis plus. J'étais très malade ces temps derniers. Voulez-vous m'achever ?

Bichoh et Gamoh le soutinrent jusqu'au nid d'ours où ils l'aidèrent à s'étendre.

— Écoute, vieillard, dit Gamoh, agenouillé près de la fosse, nous avons besoin de ces pierres. Elles sont le patrimoine de la tribu. Une femme est malade depuis trois jours et nous craignons de la perdre. Dis-nous où tu as caché les pierres magiques et nous te laisserons en paix.

— Aïe ! gémit Awah. J'ai mal. Si vous saviez comme j'ai mal.

— Vous ne voyez pas qu'il feint d'être malade ! s'exclama Barath. Je parierais ma tête que les pierres sont là, sous lui, cachées dans les fourrures.

— Aïe ! gémit de nouveau Awah. Oseriez-vous porter la main sur un vieillard à l'agonie ? Ignorez-vous qu'il me suffirait de parler aux Puissances pour que les pires des maux s'abattent sur vous et votre famille ?

Les hommes se regardèrent, troublés. Seul, Barath refusait de céder à l'intimidation. Il sauta dans la fosse,

94

écarta durement le vieillard, fouilla dans les fourrures malgré la grêle de coups de poing qui pleuvait sur lui. Il se releva, triomphant, jeta le sac à Bichoh qui l'ouvrit, en retira les « Filles du Soleil » et la « Pierre de Foudre ». Un murmure de satisfaction courut dans le groupe des chasseurs.

— Vieil homme, dit Gamoh, tu as menti, mais nous te pardonnerons si tu nous dis où sont Ayud et Yawna.

Awah paraissait écrasé de désespoir. Il tournait en rond dans l'abri en passant une main nerveuse sur sa nuque. Il s'arrêta en face de Gamoh qui le dépassait de toute la tête et lui jeta au visage :

— Vous ne saurez rien de plus !

— C'est bon, nous attendrons !... soupira Bichoh en s'asseyant à terre et en prenant un morceau de viande grillée restant de la veille, qu'il se mit à manger tranquillement.

La colère d'Awah ne connut plus de bornes. Il saisit l'une des sagaies d'Ayud, la brandit dans la direction de Bichoh. Gamoh parvint à détourner le coup. D'un même élan, huit sagaies s'étaient braquées vers Awah.

— Non, dit Barath. Retenez vos armes. Écoutez ce que j'ai à vous dire...

⁂

La sortie de la caverne n'était plus qu'à quelques pas et pourtant, d'un même réflexe, Ayud et Yawna s'arrêtèrent dans leur élan.

Ils venaient d'apercevoir, dans la lumière glauque filtrant du rideau de lianes, des ours, au nombre d'une dizaine, d'une quinzaine peut-être, mâles, femelles et petits mêlés. Le cri que poussa Yawna occasionna dans le troupeau un mouvement de stupeur. Mais, comme Ayud entraînait sa sœur en se maudissant de l'avoir emmenée, il y eut une ruée des mâles, d'énormes bêtes d'une agilité extraordinaire, en dépit d'un arrière-train massif.

La lumière de la torche s'étant éteinte dans la course, Ayud et Yawna progressaient, les mains en avant, se perdaient, se retrouvaient, heurtant la roche, trébuchant sur des silex épars, risquant à tout moment de se fendre le crâne aux saillies de la paroi ou du plafond. Contre toute probabilité, Ayud comptait retrouver la faille qui ouvrait sur le torrent et se placer sous la protection de l'Eau. C'était une espérance dérisoire.

Les bêtes n'étaient plus qu'à une dizaine de coudées et Yawna, qui était restée quelques pas en arrière, pouvait entendre déjà leurs souffles rauques. Combien étaient-elles ? Trois ? Quatre ? Elle eût été incapable de le dire et cela, d'ailleurs, importait peu. Un seul de ces monstres pouvait les tuer d'un coup de patte, leur broyer le crâne entre ses mâchoires. « Il n'est rien de plus redoutable qu'un ours irrité, disait Chaab qui s'y connaissait en la matière. Surtout s'ils sont dérangés durant la saison des amours. »

Yawna devinait qu'elle perdait du terrain et la peur grondait à ses tempes. Elle se déchira le front à un noyau de silex, fit une chute qui lui endolorit un genou, tendit les bras vers Ayud qui la reçut en chancelant.

— Inutile d'aller plus loin ! dit Ayud. Nous allons essayer de nous défendre. Prends cette sagaie et plante-la au jugé, de toutes tes forces.

Plaqués contre la muraille, ils attendirent, les yeux grands ouverts sur une ombre où rien ne bougeait. Il leur sembla entendre, à quelques pas derrière eux, une voix rauque. Puis Ayud se sentit soulevé à bras-le-corps, jeté au milieu de la galerie, tandis que le cri de Yawna déchirait ses oreilles.

Ayud tenta de se relever. Sa tête avait porté rudement sur le sol de la galerie. Il murmura le nom de Yawna, chercha à tâtons sa sagaie. Puis il perdit connaissance.

•

Lorsque Ayud revint à lui, il était allongé sur le dos, la tête sur quelque chose de doux et de vivant qui était le bras de Yawna. Elle lui sourit et lui caressa le front.

— Ne bouge pas, murmura-t-elle. Nous sommes en sécurité. Tu te sens mieux ?

Ayud hocha la tête. Il avait un peu honte de sa défaillance et tenta de se relever.

— Non, dit Yawna. Reste encore immobile.

Elle ajouta, comme si quelqu'un d'autre se trouvait dans la galerie :

— Il vient de se réveiller.

— Où sommes-nous ? demanda Ayud. A qui viens-tu de parler ?

— Nous sommes chez Orka, dit Yawna d'un ton mystérieux et c'est à Kuecô que je viens d'adresser la parole.

Ayud écarta la main de Yawna qui lui maintenait le front et recula soudain avec une expression d'effroi au contact d'une langue chaude et rèche sur sa joue. Yawna ne put s'empêcher de rire. En se retournant, Ayud faillit retomber dans son inconscience en se trouvant nez à nez avec une monstrueuse tête d'ours.

— Ne crains rien ! dit-elle. Cette bête est notre amie et ne nous fera pas de mal. De même, d'ailleurs, que tous les ours qui vivent ici. Et il y en a beaucoup : une véritable tribu !

— Yawna, dit Ayud d'un ton pénétré, dis-moi que je ne suis pas en train de voyager vers les Domaines du Couchant pour rejoindre Chaab.

— Non, Ayud, tu es bien vivant. Kuecô va te le confirmer. Kuecô !

Ayud, dans la lumière tremblotante d'une torche

de genévrier, aperçut, agenouillé contre une paroi tapissée de calcite, un homme au torse court et gras, à la grosse tête intelligente coiffée de cheveux noirs bouclant dru jusqu'aux épaules. Il paraissait très absorbé par une occupation mystérieuse, les yeux rivés à la roche à laquelle il portait de temps à autre une main tenant un bâtonnet.

— Kuecô ! répéta Yawna. Viens dire à mon frère qu'il n'est pas mort.

— S'il pose cette question, répondit Kuecô d'une voix lente et grave, empreinte d'un accent singulier, c'est qu'il n'est pas mort. Les morts peuvent revenir nous visiter mais jamais ils ne nous adressent la parole. S'il insiste, pince-lui une oreille !

Le rire de Yawna acheva de plonger Ayud dans la perplexité.

— Vas-tu m'expliquer pourquoi nous sommes ici, sains et saufs ? Nous aurions dû être dévorés ! Je crois cependant me souvenir qu'au moment où j'allais abattre ma sagaie j'ai été projeté dans les airs.

— C'était Orka, dit Yawna, comme s'il se fût agi d'une chose toute naturelle. Tu as failli tuer le plus bel ours de son troupeau, justement celui-ci !

— Qui est Orka ?

— C'est le maître des lieux, l'homme aux mammouths. Il nous a sauvé la vie pour la deuxième fois.

— Je ne l'ai pas vu arriver. Je n'ai rien vu...

— Orka est, depuis l'enfance, accoutumé à vivre au milieu des ours, dans l'ombre de cette caverne. Il voit comme en plein jour dans l'ombre la plus épaisse. Tu avais toi-même remarqué ses yeux qui brillaient dans la nuit.

— Je me souviens, dit Ayud. On aurait dit ces lueurs vertes qui se dégagent des troncs pourris, dans la nuit des forêts.

— Tu reprends enfin tes esprits ! Orka nous a

sauvé la vie en sauvant celle de son ours. Il a suffi qu'il prononce quelques mots et l'ours est devenu aussi doux et inoffensif que le renne. Il sait aussi commander aux mammouths. Il n'y a que le rhinocéros qui refuse de le comprendre. C'est l'animal le plus sot qui soit et le plus méchant !

Ayud se redressa sur son séant, la tête lourde et douloureuse, promena son regard sur la salle, basse de plafond au point que l'on pouvait presque, une fois assis, le toucher en élevant le bras. Il recula, se jeta contre Yawna. Le sol où ils étaient installés était criblé d'énormes fosses à ours, comparables à celles de leur abri. Dans chacune d'elles nichait une famille d'ours : père, mère, petits, tous en train de dormir avec de petits grognements de plaisir.

— Ne crains rien ! dit Yawna. Je te répète que ce sont nos amis. N'est-ce pas, Goûn ?

Le gros ours redressa sa tête pesante et la laissa retomber sur sa patte de devant, allongée près de la jambe d'Ayud.

— Quelle est cette odeur épouvantable ? demanda Ayud ? Il me semble en être imprégné.

— Tu en es imprégné. C'est de la graisse animale. Grâce à elle, les ours te reconnaissent et ne te font aucun mal. Moi aussi. Tiens, sens ! Kuecô aussi. N'est-ce pas, Kuecô ?

Kuecô ne répondit pas. Le nez collé à la paroi, il paraissait complètement détaché du monde. Ayud constata avec surprise qu'il était en train de dessiner avec son bâtonnet des figures mystérieuses sur la roche blanche. C'étaient des mammouths, hauts d'un peu plus d'une coudée, tracés en noir avec une précision extraordinaire. En fait, ils paraissaient vivre et être prêts à s'avancer de leur allure puissante et majestueuse au milieu de la galerie, grandir, grandir jusqu'à faire éclater la voûte de la montagne. Cet homme était aussi habile que Toloo. Plus habile même. Ses images devaient avoir une grande puissance, tandis que celles de Toloo...

Ayud s'était avancé jusqu'au peintre et, assis sur la glaise molle, entre deux fosses à ours, le regardait opérer. Kuecô semblait crispé. Ses gestes perdaient de leur précision et de leur efficacité. Il manqua le tracé d'une défense, le reprit, piqua son pinceau dans la glaise. D'un regard las, il parcourut le matériel sommaire étalé autour de lui : le petit tas de terre noire qu'il délayait avec de la graisse animale ou de la moelle contenue au fond du godet taillé dans un os, les pinceaux confectionnés avec un bois tendre à la pointe écrasée, les charbons qui lui servaient à esquisser la forme sur la roche.

— Tu es déjà fatigué ? demanda Ayud. Ton travail n'est pourtant guère pénible. Tes pinceaux pèsent moins lourd que mes sagaies.

Kuecô se retourna vivement vers Ayud.

— Tu as raison, dit-il. Ces bâtonnets sont moins lourds à porter que tes armes. Mais le plus sot des hommes peut se servir d'une sagaie. Demande-lui, par contre, d'invoquer les Esprits afin qu'ils lui inspirent des œuvres comme celle que je suis en train de peindre, dont chaque trait est l'image même de la vie et porte les promesses d'une multiplication de l'espèce !

Kuecô passa ses deux mains jointes sur son visage.

— Pardonne-moi, dit-il. Ne parlons plus de cela.

Plus Ayud regardait ce petit homme à l'accent étrange, au teint olivâtre, plus il lui trouvait de ressemblance avec un personnage qui demeurait un peu flou dans son souvenir. Tandis que Kuecô rangeait ses godets de pierre pleins de peinture noire, ses bâtonnets et ses esquisses gravées, il se rapprocha de Yawna.

— Cet homme, dit-il, me rappelle quelqu'un.

Yawna sourit finement.

— Il te rappelle ces prisonniers que les guerriers de notre tribu ont ramenés l'été passé après une escarmouche dans la Montagne aux Ours.

Ayud se souvenait. Ils étaient quatre, fort penauds, qui marchaient à la file, les mains liées dans le dos. Pour éviter qu'ils ne prennent le large, on avait incisé la peau de leur épaule et glissé dans la blessure une longue lanière qui les tenait attachés ensemble. C'étaient de petits hommes à la peau jaune, au visage large et plat. Ayud s'était mêlé à l'allégresse générale en les voyant déambuler, le torse barbouillé de sang, gémissant lorsqu'un de leurs gardiens les frappait d'un coup de manche de sagaie. Il avait été des premiers à les accueillir à coups de cailloux et son cœur avait débordé de joie lorsqu'il avait aperçu l'un des prisonniers, atteint à la tête par un de ses projectiles, tomber sur les genoux. Chaab, qui était de l'expédition, lui avait lancé un regard d'intelligence et, d'un coup de pied, avait forcé le petit homme jaune à se relever. Plus tard, sans détourner les yeux, il avait assisté au supplice et à l'exécution des prisonniers dont les chevelures étaient venues orner les colliers et les ceintures de Deïwo et de quelques-uns de ses hommes.

— Un Homme Jaune... murmura Ayud avec une expression de dégoût. Si j'avais encore ma sagaie, je me ferais une joie de le harponner.

— Non, dit Yawna. Celui-ci n'est pas comme les autres. Il est notre ami. Son rôle dans la tribu n'est pas de tuer mais d'intercéder auprès des Puissances pour qu'elles fournissent à ceux de sa tribu le gibier nécessaire à leur subsistance.

— Un sorcier ?

— Pas exactement, répondit Yawna.

Elle expliqua que son rôle était de susciter, en dessinant des images, la faveur des Puissances qu'il nommait des Esprits et d'obtenir la multiplication du gibier.

— Lorsqu'il dessine un mammouth, dit-elle, c'est dix mammouths qu'il fait naître. A condition que les « Esprits » l'entendent. Or, je crains bien que nous n'ayons fait échouer sa tentative. Il a l'air très en colère.

Ayud se frottait la joue d'un air perplexe. Un Homme Jaune était un Homme Jaune. Il n'y en avait pas de bons et de mauvais. Tous étaient des ennemis des peuplades de la Rivière Noire et, à ce titre, tous étaient haïssables, qu'ils eussent ou non commerce avec les Puissances ou les « Esprits ». Cette haine, Ayud l'avait reçue en partage à sa naissance. Quand il s'était exercé pour la première fois à lancer la sagaie et à tirer à l'arc, Chaab lui avait dit en lui montrant le tronc d'arbre habillé de peaux qui servait de cible : « Imagine que c'est un Homme Jaune ». Et Ayud s'était appliqué à viser les parties vitales. Lorsqu'on l'avait initié, dans le grand sanctuaire aux images de couleurs, domaine des Puissances animales, on n'avait pas omis de stimuler en lui cette haine ancestrale. Lorsqu'on transperce un renne d'un coup de sagaie, on remercie le renne du don de sa chair, de sa peau, de ses bois, de ses tendons ; lorsqu'on a tué un Homme Jaune, on lui coupe la tête, on lui arrache les yeux pour que son âme erre éternellement dans la nuit et ne trouve pas le chemin des territoires de chasse du Couchant. Les Hommes Jaunes ne se privaient pas d'en faire autant. Ni les uns ni les autres ne cherchaient à savoir qui avait commencé, et si cela aurait une fin. Tous les chefs qui se succédaient à la tête des peuplades, d'un côté ou de l'autre de la Montagne aux Ours, tenaient pour acquis que cette guerre perpétuelle était nécessaire pour éviter aux hommes de s'amollir. Les grandes chasses tirant à leur fin, on recommençait la guerre. C'était un cycle inexorable, comme le retour de la neige ou des moustiques.

— Kuecô aurait pu te tuer, tout à l'heure, di Yawna. Il ne l'a pas fait. Il y a partout de bons et de mauvais hommes. Celui-ci est parmi les meilleurs. Orka l'a pris en amitié, et tu sais pourtant qu'il fuit la présence des humains.

Orka... Ayud s'étonna de son absence et Yawna lui déclara qu'il était allé, avec un mammouth, jusqu'à l'abri, pour prévenir Awah et le conduire ici. Il n'allait pas tarder à revenir.

— Il doit être très tard, dit Ayud. Awah doit commencer à s'inquiéter.

La nuit était tombée depuis longtemps déjà et Orka n'était pas de retour.

— Suivez-moi, fit Kuecô.

Il alluma une torche de genévrier à celle qui achevait de se consumer, piquée dans l'argile, à quelques pas de la paroi aux dessins.

Lorsqu'ils furent parvenus à la limite où finissaient les fosses à ours, le peintre fouilla dans une anfractuosité, en ramena l'arc et la sagaie d'Ayud et les tendit au jeune chasseur. Puis, ostensiblement, il prit les devants, Ayud marchant juste derrière lui. Ayud regardait ce dos nu, offert à la lame de sa sagaie, ces reins un peu épais que la lame de son poignard eût pu aisément transpercer, cette nuque vulnérable sous l'abondante chevelure bouclée. Puis il ferma les yeux pour étouffer en lui toute idée de haine, toute impulsion mauvaise. Ce n'était pas facile. Toutes ces dernières années il avait rêvé de se trouver face à face avec un Homme Jaune. Il le tuerait, s'approprierait ses ornements et sa chevelure, irait les déposer aux pieds de celle qu'il désirait épouser quand le temps serait venu. Voilà que l'occasion lui était offerte et il se dérobait. Pour se donner une excuse, il se répétait qu'il n'est pas digne d'un guerrier de tuer un homme sans défense et qui a le dos tourné. Mais, au fond de lui, il devinait bien qu'il n'avait pas véritablement envie de tuer Kuecô.

La nuit était épaisse et fraîche. D'épais brouillards tapissaient les fonds, dont on distinguait les nappes blanchâtres dans la clarté diffuse des étoiles. La lune était déjà couchée derrière l'épaule de la forêt qui se découpait sur la lueur laiteuse baignant le fond du ciel.

Yawna s'occupa de ranimer le feu pour y faire cuire les viandes, tandis que Kuecô puisait du miel sauvage dans un récipient de pierre tendre, et qu'Ayud, assis au seuil de la caverne, sondait l'épaisseur de la nuit.

L'odeur des viandes cuites commençait à se répandre lorsque Orka fit son apparition. Le cœur serré, Ayud vit un grand mammouth sombre comme la forêt se dégager lentement de la brume et marquer un arrêt en l'apercevant. Il ne consentit à avancer que sur une injonction gutturale d'Orka, qui perché sur le garrot, leva une main en signe d'amitié. Ayud chercha des yeux le vieil Awah et ne le vit pas. En s'agrippant aux jarres du mastodonte, Orka mit un pied à terre, frappa sur la trompe du plat de la main et dit quelques mots d'une langue qu'Ayud ne comprit pas. Le mammouth rebroussa chemin de sa démarche pesante.

Orka et Ayud restèrent face à face à s'observer en silence durant quelques instants. Puis la main d'Orka se tendit vers l'épaule d'Ayud et s'y posa. Ayud fit de même. Leur amitié était scellée et Ayud ressentit un orgueil profond. Si Chaab avait pu le voir, il eût été fier de lui.

Bien qu'il fût d'une taille imposante, Orka n'avait rien d'un géant, comme Ayud l'avait imaginé et, pour la carrure, il était loin de pouvoir se mesurer au chef Deïwo. Mais il était splendidement bâti, avec sa poitrine presque entièrement dépourvue de toison, bien épanouie, ornée d'une énorme canine d'ours tailladée de petits dessins mystérieux, ses hanches étroites enveloppées d'un pagne de cuir fendu des deux côtés pour ne pas gêner sa course et ses jambes d'un galbe presque féminin. Mais c'est surtout son visage qui fascinait Ayud. Le garçon éprouvait une gêne à soutenir l'éclat métallique des yeux d'un vert glauque, immenses et purs, qui dévoraient le visage large, d'un teint chaud, aux pommettes saillantes, encadré d'une chevelure abondante et souple qui s'animait au moindre souffle d'air.

— Où est Awah ? demanda Yawna en se précipitant.

— Pas trouvé, dit simplement Orka. Hommes venus... Awah parti...

Il indiqua, grâce au modeste vocabulaire que Kuecô lui avait inculqué, qu'il avait découvert des traces de pas dans l'abri et tout autour, et que tout était sens dessus dessous.

— Les hommes des Grandes Falaises, dit Ayud. Ils ont retrouvé notre trace.

— Tu es sûr qu'il n'y avait personne ? demanda Yawna.

Orka secoua la tête.

— C'est étrange ! dit Ayud.

— Awah seul les intéressait, sans doute, risqua Yawna.

La voix de Kuecô leur parvint, nette et grave.

— Non. Ils espèrent que vous retournerez aux Grandes Falaises, que vous vous jetterez dans la gueule du loup.

— C'est idiot ! dit Ayud d'un ton cassant.

— Non. reprit Yawna. Kuecô a certainement raison. C'est ton avis, Orka ?

Orka hocha affirmativement la tête. Ulcéré, Ayud revint s'asseoir près du feu et resta silencieux, les poings contre ses mâchoires, à regarder la viande qui achevait de cuire.

— Tu dois avoir faim, dit Kuecô.

Il lui tendit une coupelle de pierre contenant du miel. Ayud la repoussa.

— A ton aise. Moi, je mange.

Ayud le regarda avec dégoût tremper un gros index dans le miel blond et le sucer à petits coups de langue gourmands. Kuecô tendit une coupelle à chacun puis s'occupa de déchiqueter la carcasse d'antilope, cuite à point, qui répandait une bonne odeur. Ayud refusa le morceau que Kuecô lui tendit.

— Pourquoi ne manges-tu pas ? demanda Yawna.

— Pas faim, répondit laconiquement Ayud.

En vérité, il mourait de faim et le spectacle des trois convives en train de se gaver de viande le faisait saliver d'abondance.

— Nous avions un prisonnier dans notre tribu, dit Kuecô. Nous l'avons gardé une huitaine de jours avant de le sacrifier. Il refusait de manger, mais seulement le jour. La nuit, je m'amusais à le voir se lever et ramper jusqu'au caisson de pierre où nous enfermions la nourriture.

— Comme Awah l'autre nuit, dit Yawna.

Ayud lui jeta un regard de réprobation et se leva.

— Où vas-tu ? demanda Yawna.

— Dormir. Tu me rejoindras dès que tu auras fini de manger.

— Je ne comprends pas, dit tristement Yawna, lorsqu'il se fut éloigné dans l'ombre de l'abri. Pourquoi est-il ainsi, tout d'un coup ? Il aime Awah comme il aimait son propre père. C'est sans doute la peine qu'il éprouve qui...

— Non ! l'interrompit Kuecô. Ce n'est pas ça. C'est ma présence qui le gêne, je l'ai bien compris.

Kuecô s'essuya les mains sur sa poitrine velue et contempla tristement les flammes claires qu'Orka

106

venait de ranimer et qui découpèrent les branches bourgeonnantes des taillis de châtaigniers.

— Il aurait fallu que nous nous sautions à la gorge, que nous nous étripions. Il m'en aurait moins voulu que de lui avoir laissé la vie sauve. Sans bien le comprendre, il considère que je lui ai fait un cadeau embarrassant. Il ne peut pas me remercier, me tendre la main. Pour que tout redevienne normal, que je retrouve sa considération, il faudrait que j'aille le rejoindre, que je lui propose de nous battre, demain. Mais je m'y refuse. Si je suis devenu un peintre de cavernes, c'est que j'ai renoncé à me battre, parce que c'est bête et inutile. Personne ne pourra, désormais me contraindre à porter des armes contre mes frères les hommes, même s'il n'ont pas la peau de la même couleur que la mienne, même s'ils sont plus grands ou plus petits, même s'ils ne croient pas aux mêmes dieux...

Orka hocha gravement la tête. Il avait appris des bêtes la stupidité des tueries qui n'ont point de raisons vitales. Lui-même avait horreur du sang et, dans la mesure où cela lui était possible, il se nourrissait de racines, de tubercules, d'écorces et de miel.

— Dormir, dit Orka.

Il s'éloigna dans la nuit de l'abri, déroula un tapis d'écorce et s'endormit sans même se couvrir d'une fourrure, près d'Ayud qui, lui, ne dormait pas.

Yawna veilla longtemps au seuil de l'abri en compagnie de Kuecô. La nuit de printemps était pleine de frémissements et d'appels. Au creux des vallées, la saison du rut venue, les bisons et les bœufs musqués s'affrontaient pour la possession des femelles et les chocs sourds de leurs crânes heurtés à toute volée retentissaient dans l'ombre avec leurs beuglements de douleur ou de colère. Les mammouths eux-mêmes ne résistaient pas à la loi du printemps. Une nuit prochaine, les mâles se retrouveraient dans quelque vallée perdue pour des affrontements gigantesques, et l'on retrouverait sur le champ de bataille des défenses brisées et d'énormes paquets de jarres arrachées. C'étaient les grandes batailles du printemps. Les plus forts triomphaient, puis la vie reprenait son cours et les querelles s'oubliaient.

— Parle-moi d'Orka, dit Yawna.

Kuecô aimait parler. Il ne se fit pas prier. Il y avait environ trois étés qu'il avait appris l'existence du solitaire, mais il n'y croyait guère. Les hommes de sa tribu, comme tous les chasseurs, avaient l'imagination fertile et, avec toutes les bêtes étranges qu'ils prétendaient avoir rencontrées, Kuecô aurait pu créer un univers fantastique.

Un jour, Kuecô décida d'y aller voir lui-même de plus près, et seul. Après tout, l'homme aux mammouths ne devait pas être bien dangereux puisque, sa curiosité assouvie, il disparaissait mystérieusement après avoir approché les chasseurs au plus près. En recoupant divers récits, Kuecô parvint à situer approximativement le domaine du solitaire. Il arriva ainsi en vue de la caverne aux ours. Installé dans un grand châtaignier tout bourdonnant de printemps, il se mit à jouer de la flûte et Orka apparut, entouré de plusieurs familles d'ours.

Paralysé de saisissement, Kuecô faillit lâcher son instrument. Constatant qu'Orka n'était pas armé, lui-même ayant caché ses armes dans un buisson, il se reprit à jouer et Orka, très intrigué, le cherchait des yeux. Quand il l'eut repéré au milieu des épaisses frondaisons, il s'aventura avec précaution jusqu'au pied de l'arbre, prêt à fuir au moindre signe d'hostilité. Comprenant que Kuecô ne venait pas vers lui avec des intentions belliqueuses, il s'assit dans l'herbe, le coude appuyé sur son genou, sa tête inclinée dans sa main ouverte, écoutant avec ravissement les mélodies étranges que l'inconnu tirait de sa flûte d'os. Un à un, les ours venaient le rejoindre et se couchaient autour de lui, lissant leur poil, les enfants jouant maladroitement entre les jambes des mères.

— Quand j'eus terminé, ayant épuisé mon souffle, dit Kuecô, Orka me fit signe que je pouvais descendre sans crainte. Je montrai les ours et refusai de répondre à son invite. Alors Orka éclata de rire, se mit à parler aux ours dans une langue inconnue, peut-être celle de sa tribu, peut-être celle des ours, je ne sais.

Kuecô descendit de son châtaignier, non sans appréhension. Les bêtes paraissaient d'humeur pacifique mais il savait que rien n'est plus capricieux que l'humeur d'un ours, surtout lorsqu'il sent ses petits en danger.

— Nous devînmes tout de suite de bons amis, dit Kuecô. Orka m'apprit à parler aux ours et aux mammouths, je lui appris à jouer de la flûte et à parler le langage des hommes.

— D'où vient-il ? demanda Yawna.

Kuecô eut un geste évasif. Il n'avait jamais pu le savoir. Lorsqu'il en parlait avec Orka, ce dernier montrait la direction de l'est.

— C'est dans l'est, à des lunes et des lunes de distance, dit Kuecô, que vivent les plus grands troupeaux de mammouths et les chasseurs les plus habiles. Je le tiens de la bouche des nomades. Et les nomades auxquels j'ai parlé d'Orka, décrit son aspect, la dent d'ours qu'il porte sur la poitrine et les signes qui y sont gravés, prétendent que c'est justement le type d'hommes qui habitent les montagnes de l'est et le genre de bijoux qu'ils façonnent. Ils sont d'avis que ce sont des nomades, comme eux, venus de ces régions éloignées, qui ont abandonné Orka dans un abri de la Montagne aux Ours, ou que l'enfant, tout jeune, s'y est égaré. Des ours ont pu le recueillir. Mais nous ne le saurons jamais.

Kuecô s'allongea à terre, les yeux perdus dans la

roche rougeâtre de la voûte où la fumée avait laissé des traînées sombres.

— Je l'ai appelé Orka parce qu'il vit avec les ours, mais il a oublié jusqu'à son nom. Chaque printemps, je viens le retrouver et je reste en sa compagnie jusqu'aux premières neiges. J'apprends ainsi à connaître les bêtes mieux que si je restais avec ceux de ma tribu, et je suis à même de sonder le mystère des Esprits dont nous sommes tributaires. Mon père est chef de tribu. Il m'approuve, car il a compris que mes dessins et mes gravures ont un pouvoir magique et que les Esprits m'écoutent. Par contre, il comprend mal que j'aie renoncé à toute haine envers les hommes de la Rivière Noire.

Il se retourna vers Yawna.

— J'aimerais faire comprendre cela à ton frère. Mais ce sera difficile.

— Je t'y aiderai, dit Yawna.

Ils restèrent quelques instants sans parler, écoutant les murmures de la nuit, la respiration de l'espace, les appels lointains des bêtes en amour.

— As-tu sommeil ? demanda Kuecô.

— Non, répondit Yawna. Je passerais des nuits entières à t'écouter parler.

— Je n'ai plus envie de parler, dit Kuecô. Veux-tu que nous allions nous promener ?

Yawna accepta d'enthousiasme. Goûn en manifesta beaucoup moins lorsque Kuecô alla le tirer de son sommeil pour qu'il les accompagnât. Orka et Ayud s'étaient assoupis.

— Viens, dit Kuecô. Avec Goûn, nous sommes en sûreté.

La bête les suivit avec des grognements irrités. Jusqu'à l'aube, ils parcoururent d'un pas paisible la steppe aux mousses profondes, les taillis, les futaies tapissant les vallées, où les premiers effluves du printemps commençaient à flotter, où les premiers moustiques, ces fléaux de l'été, commençaient leurs chasses nocturnes. Du haut d'un châtaignier tué par l'orage, ils assistèrent au combat de deux bisons, en marge d'un grand troupeau, et virent le vaincu, une corne brisée, bavant de rage, s'éloigner en boitillant vers les solitudes qui, désormais seraient son lot.

Un vent frais courut sur la steppe alors que l'orient se teintait de rose.

— C'est l'aube, dit Kuecô. Il faut rentrer.

Il dit quelques paroles à l'adresse de Goûn et l'ours s'éloigna de son allure pataude, les précédant, s'arrêtant pour les attendre, tendant sa tête énorme à Kuecô pour une caresse. Kuecô avait pris la main de Yawna et ils marchaient d'une allure paisible dans un air transparent et bleuté.

Sur le seuil de l'abri, Ayud les attendait, sa sagaie entre les genoux, l'air sombre.

Deux silhouettes dans l'argile

Awah était depuis trois jours prisonnier dans sa propre tribu et tout ce qu'on avait pu lui arracher, chaque fois qu'on avait tenté de l'approcher, c'était un flot d'injures et de menaces. On savait bien que le vieil Awah avait le caractère difficile mais, de l'avis général, il passait les bornes.

Le chef Deïwo le faisait garder comme s'il se fût agi d'une bête féroce. De nuit comme de jour, deux hommes se relayaient devant la niche — on ne pouvait appeler autrement cet endroit — qui avait servi longtemps à conserver les morts que l'on ne pouvait enterrer l'hiver. Il y passait son temps à méditer et à dormir.

De temps à autre, Deïwo l'envoyait chercher en défendant qu'on le brutalisât. Il lui posait toujours la même question :

— As-tu réfléchi ? Consens-tu à soigner Ranah ?

Et Awah faisait la sempiternelle réponse :

— Non, tant que tu n'auras pas promis de me rendre mes pierres et ma liberté.

Deïwo fronçait le sourcil, montrait la porte de la pointe de son bâton de commandement et Awah repartait, encadré de ses deux gardiens, avec la certitude d'avoir remporté une petite victoire.

Fort heureusement, les circonstances permettaient qu'il fût en paix avec sa conscience. Il connaissait bien Ranah. A chaque début de printemps, alors que commençaient les opérations de collecte des plantes et du miel confiées aux femmes, elle se sentait soudain affligée de troubles déprimants. Elle ne perdait ni l'appétit, ni la parole qui étaient chez elle deux fonctions vitales, mais une sorte de langueur la paralysait.

Awah s'était laissé prendre deux ou trois fois, puis, comprenant qu'il avait affaire à une simulatrice, il s'était promis de la dénoncer, sans jamais s'y résoudre.

Toloo, bien entendu, avait échoué, même avec le secours des pierres magiques. Awah, d'ordinaire, remettait Ranah sur pied en quelques jours, sans l'aide d'aucun charme. Il suffisait qu'il lui glissât quelques mots à l'oreille : « Si tu n'es pas levée dans trois jours, je raconterai tout à ton mari. » Ranah poussait quelques gémissements par acquit de conscience et se levait dans les délais. Toloo, lui, n'était pas dans le secret.

Awah avait consenti à l'accompagner au chevet de la malade. Il avait, après un bref examen, hoché gravement la tête. Ranah était malade, très malade... Toloo avait tenté vainement d'obtenir l'aide du vieux sorcier, ou du moins quelques conseils. Awah hochait gravement la tête : depuis qu'on lui avait dérobé ses pierres, il était dépossédé de tout pouvoir. En quittant l'abri de Ranah, Awah avait échangé avec la patiente un signe de connivence.

Le quatrième jour, Deïwo convoqua le vieux sorcier. Il avait réfléchi : qu'Awah consente à soigner la malade et on lui rendrait — provisoirement — ses pierres.

— Toloo est en possession des pierres magiques, répliqua hautement le vieillard. S'il est aussi habile à s'en servir qu'il le prétend, pourquoi ne guérit-il pas Ranah ?

Deïwo laissa éclater son humeur. Toloo était plus sot que le renne ! Il n'y avait pas plus de pouvoir dans ses mains que dans l'écorce d'un arbre !

— Alors, qu'attends-tu pour le chasser ? gronda Awah.

Deïwo baissa la tête, soupira d'un air excédé. Un instant, Awah s'imagina que le chef allait avouer les raisons secrètes de son attachement au mauvais génie qui régnait sur ses décisions et lui inspirait des actes arbitraires sous le couvert de l'autorité ou de la justice. Non, Deïwo ne pouvait se séparer de Toloo.

— Tout ce que je puis faire, dit-il, c'est accepter que tu reprennes ta place parmi nous.

Awah refusa avec hauteur. Il n'accepterait plus de vivre dans le voisinage de l'assassin de Chaab.

— Alors, va-t'en, maudit vieillard ! gronda Deïwo. Et ne reparais plus à mes yeux !

Le lendemain, de nouveau, le chef convoquait le sorcier...

Awah, bien qu'il ne manquât de rien, sinon de sa liberté qu'il eût employée à herboriser, regrettait le petit abri de la Montagne aux Ours. Mais une pensée l'obsédait : il redoutait qu'Ayud et Yawna ne tombassent dans le piège qui leur était tendu. Il ne revoyait pas sans un sentiment d'angoisse les sagaies braquées sur lui, prêtes à le transpercer. Il ne réentendait pas sans émotion la voix de Barath :

— Retenez vos armes. Écoutez plutôt ce que j'ai à vous dire...

Ce qu'avait dit Barath, Awath s'en souvenait, mot pour mot. Lorsqu'ils auraient conclu à l'enlèvement de leur vieux compagnon, les enfants de Chaab n'auraient qu'un souci : l. délivrer. Ils viendraient d'eux-mêmes pour tenter de le soustraire aux griffes de Deïwo, mais cette fois-ci ils trouveraient à qui parler.

Au retour, après avoir complimenté Barath de sa

perspicacité, Deïwo avait immédiatement mis en place un dispositif destiné à faire échec à toute tentative d'enlèvement du vieillard. De jour et de nuit, tout autour des Grandes Falaises, les hommes de Deïwo montaient une garde vigilante, nichés dans les arbres ou dissimulés derrière des buissons de genévriers. Une hermine, un lemming n'auraient pu échapper à leur vigilance. Mais les jours passaient et les enfants de Chaab ne se montraient pas.

La grande migration des rennes avait commencé avec les premières chaleurs. Du haut des terrasses, on les voyait remonter du Sud par troupeaux entiers, suivant le même itinéraire, s'offrant aux mêmes tribus. D'ici peu, si les hommes voulaient avoir de la viande pour l'été, ils devraient suivre la piste de ce gibier précieux et facile à chasser jusqu'à des journées de marche, dans les plaines du nord où les étés demeurent frais, où ces ennemis des rennes : mouches et moustiques, se trouvent en moins grande quantité. Mais Deïwo ne pouvait se résoudre à donner le signal du départ. Au préalable, il aurait aimé s'assurer la capture d'Ayud et de Yawna. Il était décidé à leur infliger, en présence de toute la tribu, un châtiment dont on parlerait longtemps. Puis il prendrait Yawna pour épouse et partirait avec elle vers les steppes du nord. Si la chasse était bonne, ils iraient, avant les premières neiges, ranimer quelque vieille querelle avec les Hommes Jaunes, dans les terres maudites de la Montagne aux Ours.

* *
*

— Sais-tu, dit Ayud, ce que l'on fait aux voleurs de femmes, dans notre tribu ?

— Je l'ignore, répondit Kuecô en se grattant la tête et en bâillant. Mais je puis te dire que, dans la nôtre, ils sont châtiés sans pitié. Nous en avons tué trois en l'espace de six étés. Toujours des nomades, bien entendu...

Ayud, sans se départir de son calme, énuméra les supplices infligés à ces malfaiteurs, et Yawna se demanda où il avait bien pu prendre qu'on les traitât avec autant de cruauté. Elle se demandait surtout où il voulait en venir. A moins qu'il ne prît Kuecô pour un voleur de femmes. L'idée l'amusa puis l'assombrit.

— Chez nous, dit le peintre, on les traite avec plus de ménagement. Mais, si tu veux bien, nous reparlerons de ce problème demain.

— Non ! fit sombrement Ayud. Je tiens à régler cette affaire tout de suite. Attrape !

Il lui envoya, par-dessus le feu, l'une de ses sagaies que Kuecô attrapa au vol.

— Nous allons nous battre, dit Ayud.

Kuecô tournait l'arme en tous sens.

— Me prendrais-tu pour un voleur de femmes ? Yawna ! dis-lui qu'il se trompe et que cette scène est ridicule.

— Kuecô a raison, dit Yawna. Tu n'as aucune raison de lui chercher cette mauvaise querelle.

— Cesse de nous importuner ! répliqua aigrement Ayud. Et retire-toi ! Le sang va couler. Ce sont des choses qu'une femme ne doit pas voir.

— Je refuse de me prêter à cette provocation ! protesta Kuecô.

— Défends-toi !

Ayud bondit par-dessus le foyer. Il avait mal calculé son élan. D'un simple écart sur le côté, Kuecô l'évita et Ayud alla s'aplatir contre la paroi latérale de l'abri. Furieux, il fit face, plié en deux, dans l'attitude d'un fauve prêt à bondir. A sa grande stupeur, il vit Kuecô, le plus tranquillement du monde, jeter son arme et attendre, les bras croisés. Ayud se mit à rire. L'Homme Jaune était un lâche. Il refusait de se battre. La vue du sang le faisait vomir. Ayud sentit monter la haine ancestrale pour ces petits hommes venus on ne savait d'où, implantés en marge des territoires de chasse de la Rivière Noire. Quand Ayud raconterait à Legh et aux autres compagnons de son âge comment il avait vaincu l'Homme Jaune, pleutre et passif comme un renne, il obtiendrait un beau succès.

Yawna s'était précipitée vers Kuecô.

— Va-t'en, sinon Ayud te tuera !

— Je n'aime pas tuer, dit Kuecô. Mais je ne crains pas la mort.

— Homme Jaune, pour la dernière fois retire-toi ou défends-toi ! s'écria Ayud.

Il darda son harpon vers la poitrine de Kuecô et s'apprêtait à le décocher de toutes ses forces lorsque le vieux Goûn fit irruption, attiré par le bruit de la querelle. Il s'élança vers Ayud, se dressa sur ses pattes de derrière avec un grognement terrible, ses pattes antérieures, armées de griffes acérées, battant l'air devant lui. Kuecô tenta vainement de mettre un frein à la colère de Goûn. Le vieil ours, furieux, se retourna contre lui, lui lacérant la poitrine d'un coup de patte.

Tandis que Goûn se retournait vers Kuecô, Ayud lui planta son harpon au défaut de l'épaule. Fou de rage, le vieil ours se rabattit sur son agresseur désarmé. Il l'eût broyé contre sa poitrine si un appel n'avait retenti du fond de l'abri.

C'était Orka. Goûn se laissa retomber sur ses pattes antérieures et recula en grognant. Le sang coulait sur son pelage et il faisait de vains efforts pour arracher le harpon planté dans son épaule. Sur une injonction d'Orka il s'allongea, laissa son maître extraire l'arme et nettoyer la plaie avec de l'eau. La douleur lui arrachait des plaintes profondes et des mouvements violents des pattes, qui n'atteignaient jamais Orka. Le sang coulait toujours en abondance et Orka dut faire appel à Kuecô qui s'approcha avec précaution, examina la blessure, prépara un emplâtre fait de toiles d'araignées mélangées à certaine terre jaune. A l'aide d'une courroie, ils maintinrent le pansement. Orka parla à Goûn d'une voix impérative et l'ours s'allongea dans un coin de la grotte en léchant son pelage souillé de sang.

— Toi aussi, blessé... dit Orka en montrant la poitrine de Kuecô. Pourquoi ? Tu as frappé Goûn ? Pourquoi ?

— Non, intervint Ayud. C'est moi qui ai frappé Goûn. Nous nous sommes querellés, Kuecô et moi. Goûn s'est interposé et...

— Tu as blessé mon père l'ours, dit Orka. Peut-être Goûn mourir...

Il demeura quelques instants silencieux, replié sur sa peine et soudain, vif comme un éclair, il sauta sur la sagaie qu'il venait d'extraire de l'épaule de Goûn, se précipita sur Ayud et, de tout son poids, le plaqua contre la paroi latérale, le manche de la sagaie appuyé en travers sur sa gorge. Ayud tenta de vains efforts pour se dégager. Orka pesait contre lui comme un roc et la sagaie lui coupait le souffle..

— Si Goûn meurt, répétait Orka, toi mourir. Si Goûn meurt...

— Laisse-le, dit Kuecô. Ayud a blessé Goûn sans le vouloir, alors qu'il m'attaquait. Sans lui, ton ours m'aurait déchiqueté.

L'étreinte d'Orka se desserra et Ayud, à demi asphyxié, se laissa glisser jusqu'à terre. Yawna se précipita et le fit asseoir contre elle. La trace de la sagaie se marquait en rouge sur la gorge, mais Ayud respirait. Il fut bientôt sur pied. Soutenu par Yawna il s'avança jusqu'au seuil de l'abri, respira l'air glacé, s'emplit les yeux de la lumière de l'aube et murmura :

— Il en a réchappé pour cette fois. Mais ce n'est que partie remise.

Un soleil rouge creva l'horizon brumeux de l'est et Ayud rêva qu'il tenait entre ses main la tête coupée de Kuecô.

***

Le lendemain, Ayud et Yawna procédèrent au déménagement du petit abri qu'ils occupaient avec Awah. Il avait fallu que Yawna insistât. Ayud hésitait à partir. La présence de Kuecô l'incommodait. Mais, d'autre part, lorsqu'il s'agirait de tenter une expédition aux Grandes Falaises pour délivrer Awah, l'appui de Kuecô et d'Orka leur serait précieux.

S'il n'avait tenu qu'à Yawna, on eût mis sur pied cette expédition immédiatement. Elle ne songeait pas sans angoisse aux mauvais traitements que Deïwo devait faire subir au vieillard. Awah était obstiné et Deïwo était cruel. Si un drame n'avait pas encore éclaté entre eux, cela ne tarderait guère.

— Nous devons attendre encore quelques jours, lui expliquait Ayud. Dès que les hommes de notre tribu seront partis chasser le renne dans le Nord, nous agirons. En ce moment, ce n'est pas possible, tu le sais bien.

Yawna le savait, mais ne pouvait se résoudre à y renoncer. Orka s'était avancé en vue des Grandes Falaises, juché sur Nanouk, le chef des mammouths. Ce qu'il avait vu n'encourageait guère à l'action : des guetteurs étaient postés sur tous les abords accessibles des Grandes Falaises ; la moindre tentative était d'avance vouée à l'échec.

Chaque jour, il retournait sur les bords de la Rivière Noire, et, chaque jour, il faisait la même constatation.

— Ils ne tarderont plus longtemps à partir, affirmait Ayud. Deïwo compte que nous viendrons délivrer Awah. Il ne peut se résoudre à nous savoir en liberté. Son autorité est en jeu. Mais nous ne lui ferons pas ce plaisir.

Les jours passaient en brèves parties de chasse et de collecte, en longues flâneries.

Ayud et Yawna trouvaient un plaisir sans fin à se faire véhiculer par Nanouk. On était, sur son garrot, enfoui dans les jarres épaisses, comme au creux d'un nid d'herbes. On pouvait s'y allonger, s'y endormir, y rêver, le regard perdu dans le ciel profond du printemps. Bercés par le rythme majestueux du mastodonte, Ayud et Yawna s'endormaient parfois, côte à côte. Ils se réveillaient dans quelque vallée lointaine où le mammouth s'était arrêté pour cueillir de la pointe de sa trompe quelques brins de gentiane ou de serpolet, les pousses tendres des saules ou quelque mousse gorgée d'eau. Yawna eut un jour la surprise de découvrir, niché dans la toison, au creux de la bourre laineuse, parmi des débris végétaux de l'été passé, un modeste pied de violettes. Ayud songeait qu'il serait possible de bâtir, sur l'échine du pachyderme, une hutte comme celle que les hommes des Grandes Falaises construisaient dans les steppes du Nord où ils allaient chasser le renne. Il suffirait de bien l'amarrer pour que l'oscillation ne la fît pas dégringoler. Yawna trouva l'idée à son goût et se promit d'en parler à Orka.

Les premières chaleurs indisposaient Nanouk et sa harde. Ils recherchaient les marécages et les bords de rivière éloignés des habitats humains. C'étaient alors d'interminables parties de plaisir. Juché dans un arbre, Orka inspectait les alentours et, à la moindre alerte, sur l'appel qu'il lançait, les mastodontes abandonnaient les jeux de l'eau, se regroupaient sur la berge et la harde s'éloignait de son pas pesant à travers les solitudes de la Montagne aux Ours.

Il arrivait que l'on fît de mauvaises rencontres : des rhinocéros dérangés dans leur repaire ou quelque famille d'ours agressive. Nanouk jetait quelques barrissements, ordonnait la formation en cercle, les mâles sur le pourtour, les défenses et la trompe prêtes à la riposte, les femelles au milieu, les petits entre leurs jambes, barrissant d'angoisse. Le danger passé, la harde reprenait sa progression, en file indienne. Nanouk marchait en tête, tâtant de la pointe de sa trompe les effluves qui lui signaleraient un nouveau danger.

Un soir, Nanouk monta seul sur l'éminence qui prolongeait le fronton de la caverne. Orka prit Ayud par l'épaule et l'invita à le suivre.

Nanouk avait choisi un endroit bien dégagé, entre des futaies de mélèzes quasi impénétrables. Dissimulés derrière des touffes de genévriers, Orka et Ayud l'observèrent. Le pachyderme s'était tourné vers le Nord d'où soufflait un petit vent aigrelet qui sentait la neige. Il demeura quelques instants figé dans son immobilité, regardant le soleil descendre sur l'horizon fauve des collines. Puis il se mit à barrir d'une voix profonde, et l'on eût dit que toute cette montagne de chair, jusqu'à ses fibres les plus secrètes, participait à l'appel. Sa trompe fouettait l'air nerveusement, se rendait dans la direction du Nord, retombait entre les jambes.

— Il adresse une prière aux Esprits des Mammouths, dit Orka. Maintenant, il va danser.

Nanouk reculait, tête baissée, comme pressé par un adversaire, s'avançait, les défenses hautes, la trompe brandie, reculait de nouveau avec la même attitude craintive, pour se relancer en avant. Chacun de ses pas faisait trembler le sol et Ayud se demandait avec inquiétude si, creusé de galeries comme il l'était, le plateau n'allait pas s'effondrer brusquement et les engloutir avec le mastodonte.

— Viens, maintenant, dit Orka.

Sur le chemin du retour, Orka expliqua que le départ des mammouths était proche. Comme les rennes, les bisons, les bœufs musqués, les saïgas, ils allaient reprendre le chemin des steppes froides et on ne les verrait plus durant des lunes. L'été sur la montagne, sans ces pacifiques herbivores, paraîtrait triste et désert.

— Demain, partis, tous, annonça Orka.

Orka disait vrai. A l'aube, lorsque Ayud se leva, il constata que tout le troupeau avait disparu. Il ne restait, à la place où il se tenait d'ordinaire, qu'un énorme cloaque de boue verte et fétide.

Par un accord tacite, Kuecô et Ayud évitaient de se retrouver ensemble. Dans le partage des tâches quotidiennes, ils faisaient toujours en sorte de ne pas former équipe l'un avec l'autre. S'il leur arrivait de s'adresser la parole, c'était seulement lorsqu'ils y étaient contraints. Yawna était la première à regretter cette mésentente. Elle s'attachait à faire juste mesure entre l'amitié qu'elle éprouvait pour le peintre et l'affection qu'elle devait à son frère. Ce n'était pas toujours facile. Ils avaient, l'un comme l'autre, le caractère ombrageux et s'estimaient lésés en toute occasion. Ayud paraissait avoir admis que Kuecô n'était pas un voleur de femmes, comme il le lui avait reproché, mais il ne donnait pas lieu de croire qu'il avait renoncé à affronter l'Homme Jaune en combat singulier. A des regards, à des paroles à double sens, Yawna mesurait toute la haine encore vivante dans le cœur de son frère.

Un jour que la pluie leur interdisait la chasse, ils s'enfoncèrent tous les quatre dans l'ombre de la caverne. Kuecô achevait de peindre trois mammouths d'une grande vérité, qui paraissaient vivre sur la paroi de calcite, dans la lumière des torches, Yawna s'essayait vainement à imiter l'artiste. Elle promenait ses doigts

dans la glaise du plafond, mais les lignes qu'elle traçait ne parvenaient que rarement à donner une idée
de ce qu'elle désirait représenter.

Tandis qu'Ayud et Orka jouaient avec de petits
oursons, à peine gros comme des chiens, malgré les
grognements irrités de leur mère, Kuecô expliqua à
Yawna dans quelle mesure un dessin peut être
magique.

— Il faut, disait-il, qu'il soit le plus ressemblant
possible. Lorsque les Esprits se penchent sur mon
épaule pour me voir dessiner, ils rient si mon œuvre
est fausse. Par contre, si elle est vraie, ils donnent en
récompense beaucoup de gibier à ma tribu. Parfois,
il me semble les entendre bouger et parler autour de
moi. Alors ma mémoire se fait plus fidèle et ma main
plus sûre. Comprends-tu cela?

Yawna ne comprenait pas toujours, mais elle
hochait la tête gravement, pénétrée pour l'artiste d'admi-
ration et de respect.

Un matin, elle pointa l'index vers le fond de la galerie. Kuecô avait-il eu la tentation de pousser plus loin
la découverte de ce domaine des ténèbres? Kuecô
expliqua qu'il avait, en compagnie d'Orka, tenté de
longues expéditions, toujours plus loin, toujours plus
profond, sans parvenir à voir la fin de ce monde étrange,
sans atteindre jamais au noyau de la terre où s'élabore
en silence le mystère de la création. Un jour, ils avaient
failli s'égarer, comme l'homme des Grandes Falaises.

La curiosité dévorait Yawna. Qu'y avait-il, là-bas,
plus loin que le domaine des ours? Patiemment,
Kuecô expliquait que les galeries succédaient aux galeries, que, par endroits, au fond des entonnoirs, on entendait gronder les eaux profondes où s'abreuvent les
Puissances.

Yawna insista pour visiter ce monde souterrain et
Kuecô ne se fit pas trop tirer l'oreille. Précédés de Goûn

qui boitillait encore, ils partirent à la découverte avec une bonne provision de branches de genévrier. Ils marchèrent et rampèrent longtemps et nul signe de la présence des Puissances ne se manifestait. Lasse et déçue, Yawna s'arrêta. Elle s'assit contre une paroi tapissée de glaise, les genoux rouges de terre tant elle avait rampé sous les plafonds bas, ses cheveux retombant sur son front en sueur. Elle reprit son souffle, la tête appuyée contre l'épaule de Kuecô.

— Tu devrais, dit-elle, recouvrir toutes ces galeries de dessins et de gravures. Ce serait moins monotone..

Kuecô se mit à rire.

— Toute ma vie n'y suffirait pas. Et puis, je ne veux pas abuser du bon vouloir des Esprits.

Yawna hocha la tête.

— Pourquoi peins-tu toujours des mammouths?

— Parce que ceux de ma tribu sont de grands chasseurs de mammouths.

— Et pourquoi est-ce que tu ne peins jamais d'êtres humains ? Ayud dit qu'il a vu, dans le sanctuaire aux peintures, en amont des Grandes Falaises, une scène étrange : un bison en train de charger un sorcier. C'est tout au fond d'un puits. Sannah, le vieil aveugle, prétend même connaître le nom de ce sorcier. Il se nommait Magh et il a réellement été tué par un bison (1).

— J'ai entendu parler de cette étrange peinture, dit Kuecô. Moi aussi, j'ai essayé de peindre des êtres humains, mais je n'ai jamais pu y réussir. Un mammouth est un mammouth mais il n'y a pas deux êtres humains qui se ressemblent vraiment.

— Moi, dit Yawna en se relevant, il me semble que je saurais.

Elle pointa l'index vers l'argile jaune qui tapissait a paroi, hésita un instant, puis le doigt se mit à courir.

_____

(1) Voir " *La Fille des Grandes Plaines* ", du même auteur.

Une forme avait pris naissance. Cela ressemblait à une tête de cheval qui aurait un nez très pointu, en forme de défense.

— Qu'est-ce que c'est ? demanda Kuecô.

— C'est... c'est toi... répondit Yawna, mortifiée.

— Vraiment ? Je ressemble à cette horrible chose ?

— Tu es pire! riposta Yawna. A toi, à présent!

A droite du visage et lui faisant face, Kuecô dessina d'un trait rapide un visage plus petit, au nez pointu et allongé.

— C'est moi, cette bête monstrueuse? demanda Yawna, interloquée.

— A vrai dire, répondit Kuecô, cela ne te ressemble guère. Je t'avais prévenue...

Ils éclatèrent de rire et, lorsque Orka et Ayud, inquiets de leur retard, les retrouvèrent, ils ne purent que partager leur hilarité. Et ce soir-là, Kuecô fit mille grimaces pour essayer de ressembler à son portrait.

Le lendemain, le temps s'était levé. Laissant Yawna dans l'abri, les trois compagnons partirent en reconnaissance vers les Grandes Falaises. Ils parvinrent aux abords de la Rivière Noire après plusieurs heures de marche. Les abris paraissaient déserts et rares étaient ceux où l'on entretenait encore un foyer.

— Les chasseurs ont dû partir, dit Ayud. S'il ne reste, comme je le pense, qu'une poignée d'hommes, il me sera facile de délivrer Awah ou du moins de m'approcher suffisamment pour que nous combinions une manœuvre.

— Laisse-moi faire, dit Kuecô. Je puis très bien me travestir en nomade et aller proposer un produit quelconque. On ne se méfiera pas et je pourrai observer tout à loisir.

Ayud lui lança un regard dédaigneux.

— Tu n'irais pas loin. Le premier enfant qui te trouverait reconnaîtrait en toi un Homme Jaune et s'enfuirait en courant. Et puis, comment te déferais-tu de cette odeur que portent tous ceux de ta race ?

Kuecô mordit ses lèvres pour ne pas riposter vertement et risquer de provoquer une querelle dont les suites auraient pu être dangereuses. Il fut sur le point d'abandonner Ayud à lui-même mais il se ravisa à cause de Yawna.

Orka n'avait rien entendu, occupé qu'il était à sonder du regard les profondeurs de la vallée. Soudain, sa main se posa sur le bras d'Ayud.

— Là ! dit-il, des femmes !

A une cinquantaine de pas, un groupe de trois femmes portant sur la tête des paquets de peaux qu'elles venaient de tanner à la rivière venait d'apparaître. Ayud reconnut Ankah. La petite vieille marchait devant, précédant Uluka, la servante d'Awah, et une grosse femme qui flânait loin derrière : Ranah. Ayud les connaissait bien toutes les trois. Il courut vers elles, les rattrapa rapidement. De saisissement, elles laissèrent choir leur fardeau, puis reconnaissant Ayud, elles se précipitèrent vers lui avec des rires joyeux et demandèrent des nouvelles de Yawna.

— Dites-moi plutôt où est Awah ? répondit Ayud.

— Il est parti, dit Ankah. Le chef Deïwo a tenu à ce qu'il suive les chasseurs.

— Est-il bien traité, au moins ?

— Oui, répondit Uluka. Mais cela durera-t-il ? Il suffirait qu'un chasseur soit blessé ou tombe gravement malade et qu'Awah refuse encore de le soigner pour que Deïwo l'expédie vers les Domaines du Couchant rejoindre ce pauvre Chaab.

— Il n'est pas en sécurité, certes non, pleurnicha

Ranah. Toloo usera de tous les moyens pour le forcer à lui livrer ses secrets.

Ayud se fit indiquer la direction qu'avaient prise les chasseurs et les territoires de chasse qu'ils comptaient prospecter. Puis il recommanda le silence et dit :

— Bientôt, nous rentrerons la tête haute dans la tribu et Chaab sera vengé.

— Prends garde ! recommanda Ankah. Tu sais que nous vous aimons bien, toi et Yawna.

✿

— Oui, dit Ayud, c'est ce qu'elles ont dit : « Nous vous aimons bien. » Et combien sont-ils, dans la tribu, qui pensent de même et qui sont persuadés que Toloo a tué Chaab ?

Yawna sentit l'émotion contracter sa gorge. Ainsi, ils n'étaient pas tout à fait des parias. Ainsi, il aurait suffi qu'ils se présentent aux Grandes Falaises pour être accueillis à bras ouverts. Cette pensée donnait un sens nouveau à leur exil volontaire. Delwo et Toloo pouvaient être abattus. Leur autorité devenait précaire.

— Nous partirons demain, dit Ayud.

— Moi, venir avec nous, déclara solennellement Orka.

Ayud le remercia d'une pression sur l'épaule. Yawna tourna son regard vers Kuecô.

— Je me proposerais bien aussi, soupira Kuecô, si je ne craignais que mon odeur ne vous indispose.

— Quelle odeur ? demanda Yawna. Si tu veux parler de celle de la graisse animale, nous en sommes tous au même point.

— Laisse ! dit Ayud. Nous nous passerons de lui. D'ailleurs, il ne sait pas se battre.

Yawna s'attendait à voir bondir Kuecô. Il ne broncha

127

pas, se contentant de cracher dans la cendre, avec un regard de défi en direction d'Ayud, la racine de gentiane qu'il grignotait.

— Si Kuecô reste, dit Yawna, je reste aussi.

— De gré ou de force, répliqua Ayud, il faudra que tu nous suives. Tu me dois obéissance.

— Alors, ce sera de force ! dit Yawna en se levant.

Ayud se leva à son tour. Il respira profondément, les mâchoires crispées, les yeux baissés. Puis il dit, d'un ton qu'il s'efforçait de rendre paisible :

— Kuecô, tu as gagné. Je ne puis me séparer de Yawna ni l'emmener de force. Si tu consens à nous suivre et à nous aider à retrouver Awah, je promets de ne plus te chercher querelle. Mais, lorsque tout cela sera fini, que nous aurons fait triompher la vérité, je promets devant les Ancêtres, dont beaucoup ont péri de la main des Hommes Jaunes... de te tuer.

Pour sceller son serment, Ayud ramassa dans le foyer un brandon à demi consumé et l'appliqua sur son bras. Pas un pli de son visage ne bougea.

— Je te sais courageux, dit Kuecô. Tu n'avais pas besoin de cette preuve pour me convaincre. Je n'approuve pas le serment que tu viens de faire, mais je le comprends. Et peut-être, si je n'étais pas un artiste, aurais-je agi tout comme toi. Je partirai donc avec vous demain.

Vers les steppes du Nord

Kuecô saisit le bâtonnet d'ivoire poli que lui tendait Ayud. Il en examina la surface puis, armé d'un petit stylet de pierre, il se mit à l'entailler sur les indications d'Ayud :

— Nous marcherons deux jours dans la direction du Couchant, dit Ayud. Puis nous trouverons un étang. De là, nous obliquerons vers le Nord. Après quatre jours de marche, nous arriverons dans un pays de collines, traversé par une rivière aux eaux vertes, abondante en poissons. Il y a sur ses bords une tribu amie. Nous partirons ensuite...

— Doucement, disait Kuecô. Une rivière poissonneuse...

Il indiquait d'un trait horizontal les journées de marche, de quelques courbes les collines et figurait la rivière par de petites hachures obliques. Quand il eut terminé, il tendit le bâton à Ayud. Avec des indications d'une telle précision, un enfant aurait pu trouver le chemin des steppes.

Pour parachever son œuvre, Kuecô sculpta à l'une des extrémités du bâtonnet la forme d'un mammouth. Ainsi, le bâtonnet prenait un sens magique et devenait un objet d'art agréable à regarder.

Ils partirent alors que le jour n'était pas encore levé. Kuecô observa un oiseau-présage, un hoche-queue perché sur la pointe d'un phragmite, et en conclut que la journée serait favorable. Le soleil, en tout cas, promettait d'être de l'équipée. Les brouillards restaient tassés dans les fonds, ce qui était un signe de beau temps.

D'un commun accord, ils avaient résolu de rejoindre au plus vite Nanouk et sa harde. La piste des migrations qu'empruntaient les mammouths et celle qu'Ayud avait décidé de suivre, devaient en principe se rejoindre en un point situé à sept ou huit journées de marche, en lisière des immenses plaines steppiques.

Un soir, sur la fin d'une journée harassante, les quatre compagnons se retrouvèrent aux abords d'un village de chasseurs qu'Ayud reconnut pour y être passé deux années de suite, en compagnie de Chaab. C'était en général un lieu d'étape reposant, à l'abri des mauvaises surprises des nuits en terre inconnue. Quelques abris de modestes dimensions, des tentes de peaux, bordaient une rivière au cours paisible, serpentant entre les saulaies, les iris et les roseaux. Elle regorgeait littéralement d'anguilles et, ce soir-là, les quatre voyageurs dînèrent de bon cœur. A la nuit tombante, Kuecô, la panse bien garnie et ne sentant plus la fatigue, se mit à jouer de la flûte et à réciter des poèmes. Émerveillée, les yeux fermés, couchée à plein dos dans l'herbe tiède, Yawna voyait s'animer à travers la voix grave et sonore de Kuecô, une foule de personnages jaillis du passé, la sagaie en main, et qui conquéraient sur les forces obscures leur droit à la vie. Elle savait que Kecuô chantait les exploits des Hommes Jaunes, mais cela ne l'impressionnait guère puisque les hommes de sa tribu auraient pu sans peine accomplir les mêmes exploits.

Ayud, lui, s'était éloigné. Il paraissait préoccupé mais ne s'ouvrit à personne de ses soucis. Alors que Kuecô, de son verbe magique, entamait la geste de Pouk, grand tueur de rhinocéros, Ayud se mit à rendre visite aux gens de la tribu en allant d'un abri à l'autre. Les indigènes le recevaient gentiment mais non sans une certaine réserve. Lorsqu'il eut terminé, il revint s'asseoir près de Yawna.

— Qu'as-tu ? demanda Yawna. Tu parais soucieux.

Ayud garda le silence quelques instants puis dit dans un souffle :

— J'ai aperçu Bichoh.

Yawna sursauta. Ayud ne s'était-il pas laissé abuser par la ressemblance ? Ayud secoua la tête. Bichoh était facile à reconnaître avec sa barbe de feu, son allure d'ours. D'ailleurs, à peine le regard d'Ayud s'était-il posé sur lui, qu'il s'était détourné et avait disparu. Ayud s'était lancé à sa poursuite sans parvenir à le retrouver.

Que faisait Bichoh dans ces parages? C'est ce qu'Ayud eût aimé savoir. Il réfléchit un moment, marchant de long en large, et, peu à peu, la lumière se fit dans son esprit. Deïwo avait dû laisser Bichoh en arrière pour surveiller la piste qui menait les chasseurs vers le nord et qu'Ayud ne manquerait pas de suivre s'il avait l'intention de retrouver Awah. Ayud s'assit près de Yawna et lui expliqua ce qu'il pensait être une manœuvre de Deïwo pour les attirer dans un piège.

— A l'heure qu'il est, Bichoh court apporter à Deïwo la nouvelle qu'il attend. Il en sera de même à chaque étape de notre randonnée.

Kuecô et Orka s'assombrirent en apprenant la nouvelle.

— Le mieux, dit Ayud, serait que nous reprenions notre chemin dès maintenant. Yawna, t'en sens-tu le courage ?

Yawna se sentait moulue, le sommeil au bord des paupières, les pieds douloureux.

— Je me sens très bien, dit-elle. Nous partirons quand tu le voudras.

*
* *

Pour ne pas donner l'éveil, ils s'étaient couchés dans la tente mise à leur disposition. Peu après, alors que toute la tribu dormait profondément, ils avaient pris le large.

Il s'agissait en premier lieu de retrouver Nanouk et sa harde puis, à marche forcée, de couper la route à Bichoh. Il serait relativement facile de le retrouver : les itinéraires ne variaient guère pour se rendre vers le nord, et les gîtes d'étape qui les jalonnaient étaient pratiquement toujours les mêmes, ne variant que suivant l'humeur des sorciers, lorsque ces derniers désiraient tromper la vigilance des Puissances animales.

Par bonheur, Kuecô connaissait mieux encore qu'Ayud les régions où ils pénétraient. Il avait une prodigieuse mémoire des lieux et n'oubliait jamais ce qu'il avait vu une fois. De même, il se trouvait que l'itinéraire suivi par les mammouths ne s'écartait de la piste des chasseurs que d'un quart de journée à peine.

Cette marche fut harassante. Yawna avançait les yeux mi-clos, les bras ballants, morte de sommeil et de fatigue. La chaleur qui commençait à peser sur la steppe faisait lever des terres gelées en profondeur une brume oppressante. La surface des collines semblait prête à s'enflammer et pourtant, lorsqu'on touchait l'épais tapis de lichens qui recouvrait l'étendue désertique, il était glacé.

Au soir de cette dure journée, ils se trouvèrent dans une petite plaine protégée du nord par un rideau de collines, où régnait une forêt ensommeillée. Une fumée attira leur attention. Ils se dirigèrent droit sur elle et, dans le crépuscule glacé, parvinrent à un modeste campement : quatre tentes entourant un maigre foyer.

— Ce sont des mangeurs de coquillages, dit Kuecô. Ils viennent des bords de la grande eau pour chasser et échanger du sel contre des peaux, des outils et des bijoux. Ce ne sont pas de mauvaises gens.

La petite troupe s'approcha du campement autour duquel régnait une odeur écœurante de poisson pourri. Les mangeurs de coquillages étaient d'excellents pêcheurs mais des chasseurs médiocres. Les Hommes Jaunes et ceux de la Rivière Noire les rencontraient parfois sur la piste du renne et ne manquaient pas de tourner leur maladresse en dérision.

Les mangeurs de coquillages étaient tous là, autour de leur maigre foyer, à grelotter et à dévorer des choses innommables. C'est à peine s'ils relevèrent la tête lorsqu'ils virent approcher le petit groupe.

Après les salutations d'usage, Ayud demanda à parler au chef. Les hommes se concertèrent du regard et se mirent à manger.

— Je connais quelques mots de leur langue, dit Kuecô. Laisse-moi faire.

Il parlementa longuement avec celui qui paraissait être le chef : un vieillard à la poitrine constellée de magnifiques coquillages marins où jouaient les mille reflets de la lumière crépusculaire. Puis il se releva :

— Le chef accepte de nous donner des renseignements sur Bichoh, l'« Homme aux Cheveux Rouges », mais il exige un présent.

Le poignard d'ivoire d'Ayud le laissa indifférent, de même que les sagaies. Par contre, il se montra intéressé par la flûte d'os que Kuecô portait à la ceinture et, lorsque Kuecô en eut tiré quelques sonorités, il ne voulut pas autre chose. Alors il parla.

— Il a rencontré l'« Homme aux Cheveux Rouges »,

dit Kuecô. Bichoh est passé ici il y a une demi-journée. Il est reparti dans cette direction. Quant à la harde de Nanouk, il croit qu'elle est à une journée de marche seulement, mais vers le Levant.

Ayud et Kuecô consultèrent le bâton de marche, se livrèrent sur une pierre plate, avec un morceau de bois charbonneux, à de mystérieuses géométries.

— En route ! dit Kuecô. Nous devrions rejoindre Nanouk avant le prochain crépuscule. Mais, où est Yawna ?

Yawna s'était endormie à même la terre. Il fallut la secouer pour qu'elle se réveillât.

— Laissez-moi, murmura-t-elle. Je n'en puis plus.

— Moi, porter Yawna, dit Orka.

Il la souleva comme s'il se fût agi d'un fagot, la jeta sur son épaule et se déchargea sur Ayud de son bagage personnel. Sans un mot, les mangeurs de coquillages les regardèrent partir à travers la pénombre froide du crépuscule.

Ils marchèrent toute la nuit, se relayant pour porter Yawna. Ils purent ainsi soutenir un rythme de marche satisfaisant. Les présages que Kuecô observait inlassablement étaient en général favorables. Au matin, ils jugèrent sage de s'arrêter une couple d'heures pour dormir dans un fourré bien abrité du vent d'est qui s'était levé et sciait les jambes de ses rafales courtes et acérées. Vers le milieu du jour, ils se trouvèrent sur les arrières d'un troupeau de bisons qui remontait lui aussi vers le Nord. Ayud parvint à abattre un misérable veau qui boitillait à la queue du troupeau. Ils se gorgèrent de sang frais, prélevèrent quelques morceaux de choix qu'ils feraient griller à la prochaine étape.

Peu après, ils trouvaient le sillon de boue laissé par une harde de mammouths qui, aux estimations d'Orka, devait compter une vingtaine de bêtes : à peu près l'importance de la harde conduite par Nanouk.

Les premiers souffles du soir commençaient à se lever et de grands ramages de lumière verte se déployaient sur l'immensité des collines lorsque Orka, qui était monté sur un arbre poussa un cri :

— Les mammouths !

Ils rassemblèrent les dernières forces qui leur restaient pour bondir en avant.

✳

C'était Nanouk.

A l'appel strident que poussa Orka, le grand mâle répondit par un barrissement prolongé. Il s'arracha à la soue où la harde s'était baugée pour la nuitée et vint, de son pas lourd, avec des balancements de tête joyeux, vers son maître. Il le saisit avec sa trompe et, délicatement, le posa sur son garrot. Puis la pointe de la trompe vint flairer Ayud, Kuecô, et enfin Yawna, dans l'espoir qu'elle lui aurait réservé quelque pousse friande dont il était gourmand. Mais Yawna n'avait rien à lui offrir.

Cette nuit-là, tous les quatre dormirent d'un profond sommeil : Orka avec Kuecô dans les jarres de Nanouk et Ayud avec Yawna, juchés sur un vieux mâle placide qui jouissait de l'estime de toute la harde et qui remplaçait Nanouk lorsqu'il s'absentait : Béhémo.

Aux premières risées de l'aube, Orka parla longuement à Nanouk. Juché à la base des défenses, un pied sur chacune d'elles, il conjuguait la voix humaine à des sonorités rauques et profondes et Nanouk répondait par des balancements sur place, des mouvements de la trompe et de petits cris rauques.

Le colloque achevé, Orka expliqua à ses compagnons que Nanouk acceptait de les suivre dans leur équipée. Il laisserait la garde de la harde au vieux Béhémo. Ils se retrouveraient plus tard, au cœur de l'été, plus au nord, au pays des grands froids, en un point précis de la steppe où les hommes ne se hasardaient guère.

Il y eut, entre les mammouths, un long conciliabule animé. Quand il fut achevé, Yawna, qui n'avait pas perdu son temps, offrit à Nanouk et à Béhémo un monceau de racines savoureuses qu'ils dégustèrent avec de petits grognements de plaisir.

— Partir, dit Orka. Tout de suite.

La trompe de Nanouk les enleva un à un dans les airs pour les placer sur l'échine. Le mastodonte poussa un barrissement d'adieu, la pointe de sa trompe voleta dans l'air comme pour faire un signe. Les quatre compagnons se cramponnèrent aux jarres car Nanouk avait des départs brusques et l'on n'était jamais sûr que sous ses énormes pattes le sol n'allait pas s'enfoncer brusquement. Ayud se dirigea en rampant, avec précaution pour garder son équilibre, vers Orka qui guidait l'animal par de petites pressions des pieds derrière les oreilles.

— Il faut aller le plus vite possible, dit-il. Nous devons gagner de vitesse Bichoh. S'il arrivait assez tôt pour prévenir les chasseurs, ceux-ci nous tendraient une embuscade. As-tu compris ?

Orka fit signe qu'il avait compris. Il parla à Nanouk. Mais, heureux de s'être libéré pour un temps des responsabilités de chef de troupeau et stimulé par les espaces vierges qui s'ouvraient devant lui, Nanouk était ce matin-là d'humeur folâtre. Tantôt il s'arrêtait pour cueillir des feuilles de saule craquantes de gel, tantôt il bondissait en avant d'un élan irrésistible. Il parut s'amuser follement à poursuivre un bœuf musqué, un vieux solitaire à l'humeur morose. Le bœuf s'arrêtait de temps à autre pour faire front mais, épouvanté par cette montagne de poil qui menaçait de le piétiner, il faisait demi-tour et reprenait sa course.

Nanouk, touché par un obscur sentiment de pitié, ou peu disposé à se fatiguer, renonça à lui donner la chasse. Par contre, peu avant d'arriver au grand fleuve aux rives basses qui coupait la steppe en deux et servait de limite aux terres froides du nord, il fut pris d'un accès de fureur en voyant remuer sur les dernières neiges de l'hiver des fourmis humaines. Il fallut qu'Orka se mît en colère pour qu'il renonçât à les charger et à les réduire en bouillie.

A plat ventre dans les jarres, Kuecô releva le nez.

— Encore des mangeurs de coquillages, dit-il. On en trouve souvent dans ces parages.

Et soudain, le fleuve fut là, dans toute sa majesté. Ayud consulta son bâton de marche, le tendit à Kuecô. Ils avaient calculé juste, sauf qu'ils étaient en avance d'une demi-journée au moins. Il convenait maintenant de découvrir le gué.

— Il doit se trouver vers le levant, fit Ayud.

— Je pensais plutôt qu'il se situait vers le Couchant, dit Kuecô.

Sagement, Orka décida de laisser Nanouk se diriger à sa guise. La bête donna raison à Kuecô qui se garda bien de triompher. Au-delà des forêts qui enveloppaient la berge, le gué apparut bientôt, brillant d'un éclat de soleil liquide, jalonné de petites îles de vase et de galets plantées de saules. Il serait d'un passage facile, en raison des blocs de glace qui encombraient le courant.

Nanouk venait de s'engager dans le chemin de boue laissé par de précédents passages de bêtes en migration, lorsque Yawna étouffa un cri :

— Il y a des hommes sur la berge, dit-elle.

Alerté, Orka fit des signes désespérés à Nanouk qui ne parut pas comprendre.

— Il a soif, dit Kuecô, et rien ne pourrait l'empêcher d'aller se désaltérer. Il ne rebroussera chemin que lorsqu'il sentira l'odeur des hommes. Espérons que ce ne sont pas des chasseurs de mammouths.

Orka, couché dans le garrot, derrière le monticule de graisse, ne quittait pas les berges de l'œil. Yawna avait raison. Il ne tarda pas à voir bouger des branches, alors qu'il n'y avait pas un souffle de vent. Nanouk paraissait avoir flairé une odeur insolite car il ralentit son allure, balaya l'air nerveusement de sa trompe puis s'arrêta, alors que la rivière n'était plus qu'à quelques pas.

Tout à coup, les arbres se mirent à remuer tous ensemble, libérant une vingtaine d'hommes armés de puissantes sagaies à propulseur. C'étaient bel et bien des chasseurs de mammouths.

— Accrochez-vous bien ! cria Kuecô. Nanouk va charger.

A la première sagaie qui le toucha à l'épaule, Nanouk poussa un barrissement terrible, bondit en avant dans un bruit d'orage, balaya de la trompe des chasseurs imprudents qui se trouvèrent projetés à travers les arbres, les reins brisés.

« S'ils parviennent à lui enfoncer un harpon dans la plante des pieds, songea Ayud, Nanouk est perdu et nous aussi. » Il guetta le moindre boitillement mais il ne se produisit pas. Lorsque Nanouk eut atteint le fleuve, les chasseurs renoncèrent à le poursuivre. Un mâle solitaire, d'une telle taille, est un gibier si difficile à chasser que l'on ne s'y risque qu'à l'occasion des famines. Les chasseurs, aux aguets sur l'autre rive, se rendirent vite à cette raison. Orka, qui s'était placé en vigie, les vit se débander à travers la saulaie. La voie était libre.

De lui-même, à peine fut-il parvenu sur la berge opposée, Nanouk prit la direction du Couchant.

— Où se dirige-t-il ? s'inquiéta Ayud.

— Il sait où il va, dit Orka.

Lorsque le gué ne fut plus en vue, Nanouk descendit vers la rivière, but à longues lampées, avec un bruit énorme qui se répercuta dans tout son organisme, puis, songeant que ses compagnons, eux aussi, devaient avoir soif, il aspira une dernière trompée et leur servit une douche glacée qui ne fut pas de leur goût. Seul, Orka prit la chose du bon côté. La vue de Kuecô, inondé des pieds à la tête, les cheveux lui retombant sur le nez, déclencha en lui un fou rire inextingible.

— Ça suffit ! dit Kuecô d'un air sinistre. Maintenant, il va falloir s'occuper d'ôter les sagaies du flanc de Nanouk. J'espère qu'elles ne sont pas empoisonnées. Ces hommes viennent des Forêts Bleues du Levant. D'ordinaire, ils ne trempent pas leurs armes dans le poison car ils n'en connaissent guère l'usage.

Agrippé aux jarres qui descendaient le long des flancs, tandis qu'Orka flattait tendrement la trompe de Nanouk pour qu'il se tînt tranquille, Kuecô et Ayud arrachèrent un à un les harpons qui, par bonheur, n'avaient pénétré que peu profond dans les chairs. Kuecô toucha de la langue l'un des harpons, n'y trouva pas le moindre goût d'amertume.

— Nanouk est sauvé, dit-il simplement.

Il demanda à Yawna d'aller chercher des blocs de boue sur la rive. Après que, sur une injonction d'Orka, Nanouk se fut couché, Kuecô bourra les plaies avec de la boue. Tandis qu'il opérait, Yawna gorgeait Nanouk de fines tiges de saule nain et le mastodonte la remerciait avec des grondements de plaisir.

— C'est la médecine des mammouths, expliqua Kuecô. Quand ils sont blessés, ils vont se rouler d'eux-mêmes dans la boue. Je lui ai épargné cette peine et nous avons gagné du temps.

Nanouk se releva. Il paraissait dispos. De son allure paisible, il descendit de nouveau vers le fleuve, s'abreuva d'une dernière lampée puis, arrachant des mottes de terre et des touffes d'herbes ou d'arbrisseaux, les projeta sur son échine et sur ses flancs.

— Il n'a pas tout à fait confiance en moi, soupira Kuecô.

Lorsque les quatre compagnons se retrouvèrent sur l'échine de Nanouk, mouillés et transis de froid, un concert de protestations s'éleva.

— Nous ne pouvons pas rester là, dit Yawna. C'est plein de boue et de terre !

Tandis que Nanouk, joyeusement, sur les instances d'Orka, prenait la route indiquée sur le bâton, Yawna nettoya le pelage de l'animal, retirant même les lichens qui avaient poussé sur la pellicule de terre qui se mêlait à la bourre laineuse qui matelassait entièrement le mammouth.

Cela l'occupa une partie de l'après-midi. Peu avant que le soir ne tombe dans le ciel glacé, Kuecô poussa un cri et demanda à Orka de faire arrêter Nanouk. Il descendit rapidement, remonta, désigna, dans un espace de steppe dégagé par la neige, un objet singulier : un pieu fiché en terre et surmonté d'une tête de bison fraîchement dépecée.

— Ceux de ma tribu sont dans les parages, dit-il. Je les croyais plus loin vers le Couchant. Nous devrions les rejoindre.

Les traits d'Ayud se contractèrent.

— Tu iras seul, dit-il. Nous poursuivrons notre chemin, car il n'y a pas de temps à perdre. Nous devrions déjà avoir rejoint Bichoh.

Kuecô parut surpris. S'il avait fait cette proposition, c'était dans l'espoir que ceux de sa tribu aideraient à retrouver la trace de Bichoh. Yawna approuva.

— Alors je partirai seul ! dit Ayud.

Orka dut intervenir pour faire entendre raison à son jeune compagnon. Ayud se laissa fléchir, persuadé en son for intérieur que, seul, il n'arriverait à rien.

D'ailleurs, les ennemis de l'heure présente n'étaient pas les Hommes Jaunes mais Bichoh et le chef Deïwo.

Kuecô cherchait du regard, à travers la plaine interminable, baignée d'un crépuscule vert, les signes qui jalonnaient l'itinéraire des Hommes Jaunes. Il en découvrit plusieurs qui les conduisirent, alors que la nuit était presque totale, jusqu'aux abords d'un campement signalé par quelques fumées. Kuecô descendit, préséda Nanouk avec des paroles d'apaisement. Le mammouth, parvenu à quelques centaines de pas des premiers foyers, se mit à renâcler et à barrir lamentablement. Rien ne put le faire avancer, ni les caresses d'Orka, ni les herbes fines que Yawna gardait en réserve.

— Allez ! fit Orka. Moi, rester avec Nanouk.

— Je reste aussi, dit Ayud.

Yawna mit pied à terre. Sa main dans celle de Kuecô, elle se dirigea vers le campement des Hommes Jaunes. Orka et Ayud les suivirent du regard. Puis ils conduisirent Nanouk vers une épaisse futaie de mélèzes où ils pourraient passer une nuit paisible.

*
* *

Peu avant l'aube, les Hommes Jaunes s'étaient mis en marche. Déployés sur l'itinéraire que suivaient d'ordinaire les hommes de Deïwo, ils fouillèrent chaque buisson, chaque pousse de forêt, chaque trou creusé dans la neige.

Ils allaient renoncer, le soleil étant déjà haut, lorsqu'ils aperçurent, sur une vaste étendue de neige fondante, un homme qui s'avançait, les bras levés, en poussant des clameurs de joie. Rassemblant toutes les forces qui lui restaient, l'homme courut et vint s'écrouler aux pieds du chef Helkô, père de Kuecô. C'était bien Bichoh aux Cheveux Rouges. Il était mal en point. Lorsqu'il releva la tête, il eut un mouvement de recul.

Ceux qu'il avait pris pour les gens des Grandes Falaises étaient les Hommes Jaunes. Pour mieux tromper son attention, ils s'étaient vêtus comme leurs ennemis : la pelisse nouée à la taille et roulée autour des jambes.

— Les Hommes Jaunes sont des gens rusés, dit Bichoh.

— Cette ruse, répondit Helkô, nous la tenons des hommes de Deïwo. Quatre des nôtres, l'été dernier, l'ont payée de leur vie.

— Laissez-moi passer, demanda Bichoh en se relevant.

— Non, dit Helkô. Tu vas nous suivre jusqu'à notre campement.

Avant même qu'il ait pu esquisser un geste, Bichoh était jeté à terre, privé de ses armes, ligoté. On lui perça la peau au-dessus de l'épaule pour y glisser une lanière. A la moindre tentative pour fuir, la lanière lui déchirerait les chairs. Bichoh n'eut pas un gémissement, ne proféra pas une injure. Il connaissait les lois de la guerre et s'y pliait dans l'adversité. Désormais, il le savait, ses heures étaient comptées.

Les cheveux roux de Bichoh provoquèrent, une fois l'émotion de la capture passée, l'hilarité des hommes d'Helkô. Leurs plaisanteries accompagnèrent le guerrier jusqu'au campement mais le laissèrent parfaitement insensible. Ce qui parut le frapper davantage, ce fut la présence, aux abords du camp, d'un énorme mammouth au garrot « habité » par deux hommes et que les chasseurs contemplaient à distance.

Sa surprise fut plus grande encore quand il vit apparaître Ayud et Yawna dans la tente où on l'avait installé, attaché au mât central. Ayud n'avait pu résister au désir de retrouver Bichoh face à face. Il avait tant bien que mal étouffé en lui l'aversion qu'il éprouvait pour les Hommes Jaunes.

— Bichoh, dit Ayud en s'asseyant avec Yawna en face du guerrier, tu nous reconnais ?

— Je vous reconnais, répondit Bichoh.

— Que faisais-tu dans ces parages ?

— Je recherchais les traces du gibier pour ceux de ma tribu.

Ce disant, Bichoh eut un sourire énigmatique. Les paroles à double sens irritaient Ayud mais il retint sa colère.

— Tu aurais tort de croire, dit-il, que nous avons fait alliance avec les Hommes Jaunes. Nos routes se sont croisées et il se trouve que nous avons des intérêts communs. Mais je les déteste autant que tu peux les détester.

— Je n'en crois rien, répliqua Bichoh. Tu as trahi ceux de ta race. Tu t'es retranché toi-même de la tribu et tu as fait alliance avec nos pires ennemis.

Il cracha aux pieds d'Ayud qui ne broncha pas. On ne peut, sans déchoir aux règles les plus élémentaires de l'honneur, frapper un homme prisonnier et désarmé.

— Tu paieras cher ton insolence, dit Ayud.

Plus que la haine que lui inspirait le guerrier aux cheveux rouges, c'est l'impuissance qu'il éprouvait à faire admettre son attitude, sa révolte, sa fuite, qui le torturait. Il avait au plus haut degré conscience de se trouver en faute et, au même degré, éprouvait la certitude que cette option lui avait été imposée. Bichoh ne pouvait avoir conscience de ce drame. Pour lui, Awah était toujours coupable de la mort de Chaab, et Ayud aussi coupable de s'être solidarisé avec le vieux sorcier. Chacun tournait en rond dans sa propre vérité, sans parvenir à communiquer avec l'autre.

— Par la mémoire de Chaab, par les Puissances du Ciel, de la Terre et des Eaux, dit simplement Ayud, je jure qu'Awah est innocent du crime qu'on lui impute

143

et que le seul responsable est Toloo, avec la complicité du chef Deïwo.

— Ayud dit vrai, confirma Yawna. Sinon, pourquoi
aurions-nous quitté la tribu, et aurions-nous suivi
l'assassin de Chaab ?

Cette évidence ne parut guère ébranler Bichoh. Il
parcourut d'un regard distrait les murs de peaux d'un
travail habile, simple et robuste. Puis il laissa sa tête
retomber sur ses genoux repliés.

— Awah est avec vous, n'est-ce pas ? demanda
Ayud. Est-il en bonne santé? Le traite-t-on en prisonnier ou en homme libre?

Aucune de ces questions ne parvint à tirer Bichoh
de sa prostration. Il ne releva même pas la tête.

— Nous n'en tirerons rien, dit Ayud. Mais notre
but est atteint. Nous avons neutralisé le messager. de
Deïwo. Nous laisserons Bichoh aux mains des Hommes
Jaunes, avec la promesse qu'il ne lui sera fait aucun mal.
Quand cette affaire sera terminée, nous obtiendrons sa
délivrance.

Kuecô les attendait sur le seuil de la tente, tout en
dévorant joyeusement des côtelettes de saïga grillées.
Il convia Ayud et Yawna à partager son repas.

— Rien ne presse maintenant, dit-il. Nous avons
besoin de nous reposer et de récupérer nos forces.

— Je me sens très bien, dit Ayud. Si Orka est de
mon avis, nous repartirons sans plus tarder.

— C'est bien, soupira Kuecô. Nous te retrouverons
dans un moment.

Ayud traversa comme un aveugle le campement des
chasseurs. Parvenu à la tente du chef Helkô, il ralentit son
allure. Helkô se tenait assis sur. le seuil, coiffé d'une
tête de bison, le visage figé, son bâton de commandement en travers des genoux. Ayud se mordit les lèvres.
S'arrêter, remercier, s'incliner, autant d'attitudes qui
lui répugnaient. Il admit cependant qu'il devait s'y

résoudre, s'il ne voulait pas que la colère du chef se retournât contre Bichoh. Il s'exécuta avec beaucoup de raideur et le chef lui répondit sur le même ton. Ayud avait tourné les talons lorsque le chef le rappela.

— Selon ton désir, et puisque Kuecô lui-même me l'a demandé, il ne sera fait aucun mal à l'homme aux Cheveux Rouges. Mais si, une fois que nous l'aurons rendu à la liberté, l'un quelconque des membres de votre tribu tombe entre nos mains, il mourra. Nous n'avons pas voulu cette guerre mais, puisqu'elle nous est imposée, nous la mènerons avec fermeté.

« Nous n'avons pas voulu cette guerre... » Comme il revenait vers Nanouk, Ayud sentait cette simple phrase tourner dans sa tête. Il l'avait entendu prononcer à maintes reprises par Chaab, par Deïwo, et même par Awah qui n'aimait guère les Hommes Jaunes. Il ne s'attendait pas à l'entendre une nouvelle fois des lèvres de son pire ennemi. Cette guerre, personne ne la voulait, mais chacun s'attachait avec acharnement à la rendre cruelle et destructrice. Personne, sauf Deïwo et Helkô. Car ils mentaient, Ayud en était persuadé à présent. Pour que ce conflit séculaire prît fin, il eût suffi d'une rencontre entre deux chefs animés d'une bonne volonté commune. S'il cessait, les hommes trouveraient d'autres occasions pour exercer leur courage. Simplement, ils ne seraient pas contraints de joindre à ce courage la cruauté et la stupidité.

Il sembla à Ayud que quelqu'un d'autre avait raisonné à sa place, à travers lui. Il était ainsi, de temps à autre, traversé par des idées étranges, qui ne lui appartenaient pas, qui venaient de l'extérieur, peut-être du domaine des Puissances, l'illuminaient le temps d'un éclair et s'effaçaient, le laissant en proie au doute et à la confusion. Parfois, il craignait d'être habité par quelque esprit en révolte contre l'ordre établi et qui risquait, s'il n'y prenait garde, de le pousser lui-même à la subversion. Ainsi pour ce qui concernait Awah. Mais à la réflexion il ne s'agissait pas dans son cas de supputations ténébreuses mais de faits précis et de conclusions inéluctables. Plus que jamais, il savait qu'il devrait, fût-ce au prix de sa vie, faire éclater la vérité.

Il retrouva Orka occupé à bichonner Nanouk.

— Partir ? dit Orka.

Il en avait assez de se donner en spectacle à tous ces petits hommes appuyés sur leur sagaie qui, le moment de stupeur passée, se gaussaient et lui envoyaient des mottes de terre.

— Yawna? Kuecô? demanda Orka. Eux venir aussi ?

— Yawna vient avec nous, bougonna Ayud. Quant à Kuecô, il fera comme bon lui semblera. Je ne veux pas lui devoir la réussite de notre expédition.

Orka posa sa main sur l'épaule d'Ayud. Ses yeux vifs pénétrèrent ceux de son compagnon.

— Kuecô, dit-il, bon pour les hommes, bon pour les bêtes. Toi pas l'aimer. Pourquoi?

Ayud soupira et répliqua d'un ton irrité que Kuecô n'était pas de la même race que lui. Orka sourit. Kuecô n'était pas non plus de sa race à lui. Ayud haussa les épaules. Orka n'était d'aucune race et il n'était pas en guerre contre les peuplades de la Rivière Noire.

— La guerre... murmura Orka. Toujours la guerre... Pourquoi?

Kuecô et Yawna arrivaient, précédés du chef et portant de lourds bagages. Lorsqu'ils furent installés sur le garrot de Nanouk, Yawna déballa les cadeaux qu'elle avait reçus des mains du chef Helkô : un collier de dents d'ours finement ciselées, de petits coquillages d'un blanc rosé, un pochon de sel, un pot d'ocre rouge pour se farder le visage et le corps, un pagne neuf, souple et lisse comme une feuille de saule, décoré de dessins gravés au feu et de franges fines comme des cheveux.

— Tu n'aurais pas dû accepter ces cadeaux ! gronda Ayud. Tout ce qui vient de la main des Hommes Jaunes est maudit. Jette-les !

Yawna refusa tout net. Elle rassembla ses cadeaux, les serra contre elle.

Ayud leva la main pour la frapper mais son geste resta en suspens.

Prêt à bondir, Kuecô ne le quittait pas des yeux.

Awah délivré

Sur les steppes du nord, l'hiver n'avait pas desserré son étreinte. Pour une journée de beau temps, on en comptait trois livrées aux rigueurs du nord. C'étaient des aubes brumeuses et froides, des vents à scier les membres, des averses brutales, pluie et neige mêlées, qui balayaient les mornes ondulations de la plaine. Dans les branches des basses futaies, les oiseaux migrateurs se posaient par milliers, transis de froid, attendant une accalmie pour reprendre leur course. Rennes, bisons, bœufs musqués, mammouths faisaient tête aux coups de boutoir du vent, aux bourrasques de pluie et de neige. Ils progressaient vers le nord en files interminables.

Les indications fournies par Helkô et quelques autres chasseurs avaient permis à Kuecô de compléter les repères de son bâton de marche. Les hommes des Grandes Falaises avaient leur campement à environ une journée de marche entre le levant et le nord, sur le bord du Fleuve du Serpent, ainsi nommé en raison des nombreux méandres de son cours.

L'après-midi fut paisible. Le soir, Nanouk s'arrêta en lisière d'une forêt de mélèzes aux troncs tordus par le vent, crevassés par le gel, et refusa d'aller plus loin.

— Nanouk a vu la tempête, dit simplement Orka.

Ce soir-là, le crépuscule tomba comme une pierre sur la steppe. Une muraille de nuages gris, aux revers violacés escalada l'horizon à une allure vertigineuse. L'air était tiède et d'une inquiétante immobilité. Des vols de choucas assombrirent ce qui restait au zénith de ciel dégagé, d'un bleu vert de rivière en été. Ils obliquèrent vers l'est, rebroussèrent chemin, affolés, pressés en masse compacte et poussant des appels sinistres.

— Il va falloir chercher un abri, dit Ayud. C'est une tempête de neige qui se prépare. Nous ne pourrions pas tenir sur le dos de Nanouk.

— Attendez ! fit Orka. Nanouk couché. Nous abritera...

Ce ne fut pas une petite affaire d'obtenir de cette montagne de chair et de poil qu'elle consentît à se renverser sur le flanc. Il fallut un long conciliabule haché de barrissements à fendre l'âme, d'injonctions impératives d'Orka, de petits cadeaux sous forme de racines pour que Nanouk acceptât enfin. Il se coucha sur le flanc, sans le moindre enthousiasme, tout contre la lisière, balayant la neige d'une trompe furieuse. Il était temps. L'accalmie venait de prendre fin. Le blizzard se mit à courir, sifflant à ras de terre, soulevant des tourbillons de neige et tourmentant la forêt pétrifiée. Il précédait de peu la tempête. Elle avançait comme une vague, haute, à ce qu'il semblait, trois ou quatre fois comme Nanouk, pareille à un rideau de brume qui courait sur l'étendue déserte. Un bouquet de mélèzes situé à quelques centaines de pas disparut comme par miracle dans l'épaisseur en mouvement. Bientôt, ce fut la nuit complète. La forêt se mit à psalmodier un chant funèbre. Un grondement sauvage lui répondit Puis tout sombra dans le chaos.

⁂

Le premier, Orka ouvrit l'œil. Une onde de lumière éblouissante enveloppait la steppe. Le ciel d'un bleu profond où tonnait encore le vent recouvrait un univers mort. Il s'arracha avec peine de la carapace glacée qui recouvrait leur groupe, secoua ses compagnons qui se réveillèrent en grognant. Les peaux sous lesquelles ils avaient dormi étaient raides de froid. La neige, qui avait fondu au fur et à mesure qu'elle recouvrait Nanouk, avait ruisselé sous eux et ils baignaient dans une boue à demi gelée. Ils avaient passé une nuit de cauchemar, luttant pour disputer à la tempête les couvertures de peau qui les recouvraient. Ce n'est qu'au petit matin, alors que les bourrasques se faisaient moins brutales et plus espacées, qu'ils avaient pu s'endormir.

Kuecô et Ayud tentèrent vainement de faire du feu. Tout ce qu'ils parvinrent à obtenir, ce fut une âcre fumée. Pour se réchauffer, ils en furent réduits à quelques gesticulations.

Nanouk était d'humeur maussade. Il tournait sa trompe vers le Couchant où passait une harde de mammouths d'une soixantaine de têtes qui remontait toujours plus loin vers le nord. Orka devinait le désir qui le torturait de se joindre à eux pour tâcher de retrouver les siens.

Ce fut bien autre chose quand il s'agit, une fois les voyageurs remontés sur son échine, de lui imposer une direction. Il obliquait sans cesse vers le Couchant où ceux de sa harde n'allaient pas tarder à se rassembler. A tout instant il fallait corriger sa marche, ce qui lui arrachait des grognements hargneux. De toute évidence, il en avait assez de cette interminable expédition.

La moitié du jour avait passé et Nanouk progressait dans une plaine transformée en marécage par la fonte des neiges lorsque Orka se dressa tout droit sur la bosse de Nanouk et montra un point de l'horizon.

— Fumée ! Là-bas !

Ce n'est qu'un peu plus tard que les autres purent distinguer, dans un étroit vallon à peine incurvé, installé sur le front en demi-lune d'une basse futaie de mélèzes, quelques fumées qui se confondaient presque avec le ciel.

— Ce sont eux, dit Ayud, le cœur serré. Je reconnais bien cet endroit. C'est celui où Chaab m'a conduit, l'été passé. Mais alors, il n'y avait pas de neige.

— Qu'allons-nous faire? demanda Yawna.

Ils en avaient parlé longuement durant tout le voyage, sans arriver à combiner un plan qui satisfît chacun. De nouveau, ils passèrent en revue toutes les possibilités d'approcher Awah. Finalement, le plan proposé par Kuecô emporta l'adhésion.

Ce n'était pas le moins dangereux, mais c'était le plus habile.

* *

Deïwo venait juste de se réveiller d'une longue sieste. La tempête l'avait privé de sommeil la majeure partie de la nuit, arrachant les tentes qu'il fallait redresser en hâte quand elles ne s'envolaient pas comme des fétus à travers l'ombre secouée de convulsions.

La pénombre de la tente était attiédie par le soleil et Deïwo songea qu'il lui serait doux de replonger dans le sommeil. Il se leva en titubant et, entendant des appels au-dehors, y glissa un regard et fronça ses gros sourcils.

Deux chasseurs arrivaient, encadrant un pauvre bougre revêtu d'une mince pelisse, qui paraissait prêt à rendre l'âme et butait aux moindres accidents de terrain.

— Où l'avez-vous trouvé? demanda Deïwo.

— A une centaine de pas du camp, répondit l'un des chasseurs. Il appelait et faisait des signes. C'est sûrement un de ces mangeurs de coquillages que nous avons rencontrés en chemin et qui s'est égaré durant la tempête.

Deïwo souleva le menton du pauvre hère. Il avait plutôt la tête d'un Homme Jaune mais ses colliers de coquillages proclamaient sans conteste son origine bien qu'il portât sur lui une odeur singulière dans laquelle Deïwo crut reconnaître celle des mammouths.

— Qu'en faisons-nous ? demanda l'un des chasseurs.

— Emmenez-le dans la tente de Toloo ! Quand il sera remis sur pied, nous lui poserons quelques questions et nous le renverrons à ses coquillages.

L'homme sentit comme un flot de lave couler dans ses artères. Il ne pouvait détacher son regard de la poitrine de Deïwo, de sa ceinture, où pendaient des scalps prélevés sur la tête de ses ennemis. Il resta ainsi quelques instants, le visage flambant de colère.

— Qu'as-tu à me regarder ainsi ? dit Deïwo, soupçonneux.

L'homme baissa la tête et se laissa tomber à genoux dans la neige.

— Allons ! gronda Deïwo, emmenez-le !

Le camp sentait une odeur de mort. De grands charniers s'entassaient entre le camp et le Fleuve du Serpent, d'où s'élevait une buée fétide. C'est là qu'on jetait les déchets d'abattage des bêtes tuées. Cette odeur imprégnait toute chose. A travers ses paupières mi-closes, tandis qu'on le traînait jusqu'à la tente de Toloo, l'homme observa l'ordonnance du camp. A droite, dans un espace dégagé, des femmes s'occupaient à faire boucaner de larges quartiers de viande. Elles tournèrent vers le nouveau venu des yeux rouges qui pleuraient. A gauche, dans une tente plus importante que les autres, on entreposait les viandes dont la préparation était achevée. La plupart des chasseurs devaient être partis effectuer quelque battue, car l'homme n'en remarqua que trois ou quatre qui sommeillaient au soleil, au seuil de leur tente et paraissaient mal en point.

A peine l'eut-on étendu dans la tente de Toloo, que l'homme se mit à gémir en comprimant de ses mains, tour à tour, sa poitrine et son ventre.

— Nous l'avons trouvé dans la neige, dit un chasseur. C'est un mangeur de coquillages. S'il crève, ce ne sera pas une grande perte.

La tente baignait dans une pénombre traversée par la lueur d'une lampe de pierre alimentée par de la moelle de renne qui dégageait une âcre puanteur. En plusieurs endroits, fichées en terre, se dressaient de petites statuettes de bois, d'os ou d'ivoire représentant diverses espèces d'animaux. Elles encadraient des crânes de bisons, de rennes, de saïgas jaunis par le feu.

Toloo jeta à peine un regard au mangeur de coquillages. Enveloppé dans un ample manteau de lemming peint en rouge, assis sous une sorte d'arche constituée par des défenses de mammouth, il paraissait très occupé à dessiner des figures géométriques sur une omoplate de renne avec un petit stylet de pierre. Tout ce que l'homme put distinguer du sorcier, c'était un visage aigu, au front massif, aux yeux étonnamment mobiles, presque dégarnis de sourcils, des mains longues et sèches, presque féminines. La lumière de la lampe jouait dans les amulettes qui constellaient son manteau et dans ses yeux globuleux.

Toloo prit le temps d'achever son ouvrage, de le contempler avec un mince sourire, de prononcer quelques invocations rituelles en le tenant devant son visage au creux de ses mains jointes.

Toloo se décida enfin à se lever. Il alla prendre une lanière de viande grillée dans un petit caisson de pierre et vint en la grignotant vers le mangeur de coquillages.

— Tu as faim ? dit-il.

Il lui jeta le reste de sa viande et, de la pointe du pied, il écarta les minces fourrures pelées qui recouvraient l'inconnu.

— Ton nom ? fit-il.

Toloo hocha la tête. L'homme ne devait pas comprendre les dialectes de la Rivière Noire. Le sorcier se décida enfin à l'examiner de plus près.

— Tu n'as pas les membres gelés, dit-il. C'est curieux de la part d'un homme qui a passé la nuit dans une tempête de neige.

Il fouilla dans un sac de peau, en retira une écorce qu'il promena lentement sur la poitrine de l'homme.

— Elle glisse bien, reprit-il. Je ne comprends pas.

Il essaya les pierres magiques, frotta la « Pierre de Foudre » sur les parties du corps qui paraissaient malades, disposa les « Filles du Soleil » en différents points particulièrement douloureux, attendit quelques instants en promenant ses grandes mains de haut en bas du corps pour en faire sortir le mal.

— Te sens-tu mieux ? demanda-t-il.

L'homme se mit à geindre de plus belle. Le regard pétillant de colère, Toloo se pencha vers le mangeur de coquillages, lui souffla au visage avec une terrible expression de haine :

— Toi aussi, comme les autres !

Sur ces paroles énigmatiques, il ordonna à deux chasseurs de conduire le malade en un autre lieu. Avant qu'il ne sortît de la tente, il lui arracha son collier et le glissa dans un sac.

— Dites à Awah que cette vermine s'entête à ne pas vouloir guérir.

Il leur tendit le sac contenant les pierres magiques et se retira en bougonnant.

Le vieux sorcier était occupé à faire sécher des herbes

sur les pierres du foyer. Le feu éclairait sa maigre poitrine, son visage orné d'une onctueuse barbe de neige. Que lui voulait-on encore? Il avait pourtant demandé qu'on le laissât en paix ! Ignorait-on qu'il refusait de faire usage de sa science tant qu'on ne le laisserait pas en liberté ?

— Dîtes à Toloo que je n'en veux pas, de son mangeur de coquillages !

Les deux chasseurs jetèrent le sac aux pieds d'Awah et se retirèrent en s'esclaffant. Le vieillard revint vers le malade, se pencha vers lui, le poing tendu, vomissant des imprécations. Il pouvait bien mourir, Awah ne ferait rien pour le soigner! C'est à Toloo que ce rôle incombait. Soudain, la colère fit place à la stupéfaction sur le visage d'Awah. L'homme s'était redressé avec un sourire malicieux.

— Calme-toi, vieil homme ! dit-il. Tu es Awah. Je t'ai reconnu tout de suite, bien que nous ne nous soyons jamais rencontrés. Tu as aussi mauvais caractère qu'on le dit !

— Et toi, pour un mangeur de coquillages, tu parais bien connaître notre langue.

L'homme mit un doigt sur ses lèvres, approcha son visage de celui du vieillard. A mi-voix, il lui expliqua qu'il n'était pas un mangeur de coquillages et qu'il n'avait jamais été aussi bien portant.

— Mon nom est Kuecô, dit-il. Je t'apporte des nouvelles de tes deux jeunes compagnons, Ayud et Yawna.

Le visage d'Awah se plissa d'un sourire puis se rembrunit. De nouveau, la colère animait son regard. Ayud ! Yawna ! ils l'avaient bel et bien abandonné ! Pourquoi étaient-ils restés si longtemps sans lui donner signe de vie ? Pourquoi l'avaient-ils laissé entre les mains de cette bête fauve : Deïwo ?

— Tu le leur demanderas toi-même, répliqua Kuecô.

Le visage d'Awah s'épanouit :

— Où? Quand? Dis vite!

— Ils ne sont pas loin d'ici et tu les reverras bientôt.

Le visage du vieillard se radoucit. Il se rapprocha de Kuecô.

— Ainsi, ils sont venus me chercher jusqu'ici?

Il promena un regard humide sur les murs de peaux de la pauvre demeure, gratta son crâne nu sous le bonnet en poil d'ours.

— Ce n'a pas été sans mal, fit Kuecô.

Ce disant, il observait l'entrée de la tente, qui était demeurée entrebâillée. Il y vit apparaître un, puis deux, puis trois visages de femmes aux yeux rouges, à la peau couleur de fumée. Il se mit alors à se plaindre en se tenant le ventre, tandis que le vieil Awah se ruait vers les matrones en pestant de plus belle. Il ferma précautionneusement l'entrée, cala les peaux avec une grosse pierre, revint s'agenouiller auprès de Kuecô.

— Je dois te prévenir, dit Kuecô, que j'appartiens à la tribu d'Helkô. Je suis son fils.

— Un Homme Jaune!

— Si tu n'as pas confiance en moi, tu peux me dénoncer. Je ne t'en voudrai pas. Mais je te préviens que tu risques ainsi de compromettre ta délivrance et la sécurité de tes jeunes amis.

— Qui a parlé de te dénoncer? glapit le vieillard.

Il ajouta à voix basse:

— Je déteste ceux de ta tribu. Je leur crache dessus. Je les maudis. Je...

— Modère-toi! dit Kuecô d'un ton sévère. Garde tes injures pour plus tard. Tu te joindras à Ayud quand cette affaire sera réglée. Il a promis de me tuer.

Awah fronça le sourcil. Pourquoi, si les relations entre eux en étaient à ce point, Kuecô avait-il accepté d'aider Ayud dans son entreprise?

— Ce serait trop long à t'expliquer, vieil homme.

Nous avons une mission à accomplir. Si tu y tiens, nous parlerons de tout cela plus tard.

— C'est bon ! grogna Awah. Recouche-toi.

Kuecô s'allongea sur le lit d'écorce tandis qu'Awah préparait ses médecines et jetait une poudre odorante dans le foyer pour éloigner le mal. Il prit le temps de caresser ses pierres, les faisant rouler amoureusement d'une main dans l'autre. Il jeta, dans une poche de cuir remplie d'eau, une pierre rougie au foyer. L'eau se mit à chanter. Awah s'en servit pour préparer un cataplasme d'herbes qu'il plaqua avec autorité, encore brûlant, sur le torse de Kuecô. Le patient poussa un hurlement de douleur.

— Les Hommes Jaunes seraient-ils des lâches ? ironisa le sorcier.

— Je te ferai payer cher cette plaisanterie, vieux fou ! maugréa Kuecô.

Il arracha le cataplasme et le jeta dans le foyer.

Toloo vint dans la soirée rendre visite au malade. Il fit la grimace en constatant que le mangeur de coquillages s'était endormi et qu'il paraissait ne plus souffrir. Awah sourit. En grand mystère, il découvrit le torse du malade : il était rouge vif, couvert de cloques qui éclataient.

— Le mal s'en va par là, dit-il. Mais tu es trop sot pour avoir eu l'idée de ce remède. Dans la nuit, je lui appliquerai les pierres magiques et demain il sera complètement rétabli.

— Je ne te crois pas !

— Alors, patiente. Je te promets des surprises.

Peu après, Deïwo lui-même se présentait.

— J'apprends que tu as accepté de soigner le mangeur de coquillages, dit-il d'un ton sévère. Tu avais pourtant promis de ne plus jamais faire usage de ta science.

— Oui, répliqua finement Awah. Mais seulement

contre les hommes de ta tribu. Celui-ci n'en est pas. Et regarde! Le mal est déjà parti. On m'a amené un mourant ; demain, c'est un homme en bonne santé qui sortira d'ici.

Deïwo resta quelques instants songeur devant le malade qui dormait d'un sommeil paisible. Il s'accroupit à son chevet, le considéra avec une attention profonde.

— Ce n'est pas un mangeur de coquillages, dit-il. Je n'en ai jamais vu qui ait cette chevelure et cette couleur de peau. Plus je le regarde, et plus je pense qu'il s'agit...

— Pas un mangeur de coquillages? l'interrompit Awah. Tu fais erreur, chef Deïwo ! Regarde cette cicatrice rituelle, là, à l'épaule. J'ai soigné des mangeurs de coquillages, jadis, dans ces territoires. Ils avaient tous cette marque, à la même place. Le sorcier leur fait cette incision avec un coquillage au moment de leur initiation.

Le malade poussa un gémissement, bredouilla quelques mots d'une langue inconnue.

— Que dit-il ? demanda Deïwo.

— Il demande à boire. J'ai appris des rudiments de leur langage.

Deïwo se releva pesamment. Il paraissait fatigué et maussade. Ses petits yeux gris parcoururent les parois de la tente, le mobilier misérable du sorcier déchu. Lentement il laissa retomber dans sa main l'extrémité de son bâton de commandement. Awah l'entendit murmurer entre ses dents serrées :

— Toloo... Toloo...

La nuit venait de tomber quand un jeune guerrier — Awah reconnut Legh — gratta à l'entrée de la tente qu'occupait le vieux sorcier. Il lui apportait en secret des nouvelles qui ne manqueraient pas de le réjouir.

Toloo avait à tel point exaspéré le chef par son inca-

pacité que celui-ci avait failli lui faire un sort. Il l'avait
roué de coups, l'avait exposé, tout nu, au cadre qui
servait pour le dépeçage des bêtes avec l'intention,
disait-il, de le faire écorcher vif. Il avait fallu l'inter-
vention de deux vieux chasseurs pour que le chef
renonçât à son projet.

Legh glissa un regard à l'intérieur de la tente où
brûlait un maigre foyer.

— Comment va ton malade ? demanda-t-il. Il paraît
que tu l'as sauvé.

— Demain tu auras des nouvelles, dit Awah. Demain
seulement.

Ce soir-là, Awah partagea avec Kuecô les maigres
reliefs de son repas de la mi-journée. Le chef lui accor-
dait une nourriture tout juste suffisante pour l'empêcher de mourir de faim. Un homme ordinaire ne s'en
fût pas contenté mais pour Awah, c'était amplement
suffisant; il était même parvenu à se constituer une
petite réserve qu'il entama en l'honneur de Kuecô
qui, lui, avait un robuste appétit.

— Il y a longtemps que je n'avais si bien mangé,
dit Kuecô. Si je n'avais pas ces maudites brûlures sur
la poitrine...

— Cela te passera vite, dit Awah. Dans deux jours,
elles n'y paraîtront plus. Je vais t'oindre d'une pom-
made et tu dormiras sans souffrir.

Kuecô se recoucha tandis qu'Awah, assis sur le seuil
de sa tente, observait les va-et-vient du campement.
Ce soir, les chasseurs se coucheraient tôt. La nuit pré-
cédente, ils n'avaient pu fermer l'œil et la journée
qui avait suivi avait été occupée par la poursuite harassante et infructueuse d'une harde de mammouths. Le
vieux sorcier étouffait un petit rire dans sa barbe chaque
fois que lui parvenaient les lamentations de Toloo,

159

attaché tout nu, malgré le froid piquant du crépuscule, à son cadre de dépeçage comme un vulgaire gibier. Si Deïwo maintenait sa décision de le laisser dans cette position toute la nuit, c'en était fait du jeune sorcier : on le trouverait le lendemain raide de froid et privé de vie. Awah songea qu'il fallait éviter cela à tout prix. Toloo mort, la vérité au sujet de l'empoisonnement de Chaab n'éclaterait jamais et l'on continuerait à accabler Awah. Or, Awah tenait essentiellement à ce qu'on le réhabilitât. Après, on ferait de Toloo ce qu'on voudrait, cela lui importait peu.

Deïwo revint, tard dans la soirée, prendre des nouvelles du malade.

— Laisse-le reposer, dit Awah. Il va beaucoup mieux.

Deïwo demeura quelques instants songeur au chevet du mangeur de coquillages, toucha du doigt la cicatrice laissée par la scarification rituelle, se pencha pour respirer ses vêtements.

— Ces fourrures sentent le mammouth, dit-il en se relevant, et les mangeurs de coquillages ne tuent pas les mammouths.

— Il se peut qu'il ait volé ces vêtements, répliqua Awah. Les mangeurs de coquillages n'ont pas bonne réputation.

— C'est possible, dit Deïwo. Je n'avais pas pensé à cela.

Il repartit sans un mot.

— Tu crois qu'il se doute de quelque chose ? demanda Kuecô.

Awah répondit simplement :

— Je suppose que tu as mesuré les risques que tu prenais ? Cela ne te paraît pas quelque peu absurde de te sacrifier pour Ayud, ton ennemi ?

— Ce qu'on fait avec cœur n'est jamais absurde, et je ne considère pas qu'Ayud soit mon ennemi.

Lorsque la nuit fut complètement tombée, Awah et Kuecô, s'étant assurés que le campement dormait, se préparèrent. Deïwo n'avait pas pris la précaution, apparemment sans objet, de poster des guetteurs aux abords du camp : les réserves de viande étaient en lieu sûr et les hardes de chiens et de loups avaient assez à s'occuper avec la tripaille entassée près du fleuve.

— La voie est libre, dit Awah après avoir mis le nez dehors. Prends ce mauvais couteau.

En se glissant derrière les tentes lourdement enfoncées dans la nuit et le sommeil, ils parvinrent derrière le cadre où était toujours suspendu Toloo, agité de spasmes qui faisaient trembler son corps tout entier. Deïwo n'avait prévu personne pour le garder. Ils avancèrent par-derrière, la neige étouffant leurs pas, et n'eurent aucune peine à bâillonner le malheureux puis à le délier.

— Ne bouge pas ! dit Kuecô en lui piquant la pointe du couteau dans les reins. Estime-toi heureux que nous t'ayons délivré ! Tu vas nous suivre sans broncher.

Toloo, à demi mort de froid, les suivit sans la moindre résistance, après qu'Awah, compatissant, lui eut jeté une pelisse sur les épaules.

Ils purent se diriger sans trop de difficultés à travers la nuit. Diffusée par la brume, la clarté lunaire facilitait leur marche. Ils tournèrent, après une centaine de pas, à la corne du bois de mélèzes qui couronnait la petite éminence derrière laquelle s'abritait le camp. Kuecô se retournait de temps à autre pour s'assurer que personne ne les suivait. Il crut distinguer des ombres qui bougeaient dans la neige mais se persuada vite qu'il ne devait s'agir que de chiens sauvages. A tout hasard, il lança l'appel convenu : le cri du harfang. Le ululement se perdit dans la forêt de pierre. Rien ne répondit. Ils étaient trop loin. Ils firent encore quelques centaines de pas avant que Kuecô lançât de nouveau l'appel. Cette fois-ci, un ululement lointain lui répondit.

— Ce sont eux, dit-il. Ils nous attendent !

Ayud, le premier, sortit du bois pour venir à leur rencontre. Il serra contre sa poitrine le vieux sorcier qui brandissait fièrement le sac de peau contenant ses précieuses pierres. Et le cœur d'Ayud bondit de joie lorsqu'il reconnut Toloo.

— Je ne comptais pas te revoir de sitôt ! s'exclama-t-il. Maintenant que tu es en notre pouvoir, nous saurons bien te faire cracher la vérité.

Il se tourna vers Kuecô :

— Mes sentiments pour toi n'ont pas changé, dit-il. Mais je te remercie. Venez, maintenant !

Lorsque Toloo aperçut, à quelques pas de lui, la masse imposante du mammouth dont les défenses recourbées brillaient à travers la pénombre, il marqua un recul.

— Tu ne risques rien, dit Kuecô en le poussant en avant. Nanouk n'est pas une bête malfaisante.

Nanouk, qui manifestait des signes d'inquiétude, se mit à barrir énergiquement. Yawna venait de se laisser glisser le long de la trompe et tentait, en vain, de le calmer. Nanouk reculait, écrasant des arbres sur son passage.

— Ce n'est tout de même pas Toloo et Awah qui lui causent une telle frayeur ? dit Ayud.

Il se glissa à travers des buissons de camarine dans la direction d'où venaient les trois fugitifs. Il ne vit rien mais il entendit le cri strident d'Orka, juché dans le garrot du mammouth qui, obliquant vers la plaine, venait de prendre le large.

Ayud allait se redresser pour rejoindre ses compagnons, quand il se sentit plaqué au sol, le froid d'une pointe de sagaie entre les omoplates.

Tambour de sang

Ayud sentait remuer en lui cette impression singulière : être prisonnier de sa propre tribu. Les visages
qu'il pouvait apercevoir en entrouvrant la tente (on
lui interdit de sortir), lui étaient familiers, au point
qu'il lui prenait envie de lever la main à hauteur du
visage et de crier : « Eh ! Legh ! Eh ! Serkoh ! »
Legh, Serkoh, passaient en baissant les yeux. Les mots
qu'ils n'osaient proférer éclataient sur leurs visages et
Ayud les devinait : « Ayud est un traître ! Plus jamais
nous ne saluerons Ayud ! » Si un seul d'entre eux lui
avait manifesté le moindre signe, sinon d'amitié, du
moins de compassion, il eût senti un grand soulagement.
Ayud guettait en vain et ne rencontrait qu'hostilité.

— Que crois-tu que l'on va faire de nous ? demanda-
t-il à Awah.

Le vieillard le toisa d'un air sévère.

— Le fils de Chaab craindrait-il pour sa vie ?

— Je crois surtout que Kuecô ne survivrait pas à
cette aventure. Ce n'est pas Orka et ses mammouths
qui viendront le tirer de ce mauvais pas.

Ayud haussa les épaules d'un air indifférent :

— Après tout, grogna-t-il, Kuecô n'est qu'un Homme
Jaune. Son existence importe peu.

Mais Yawna ne l'entendait pas ainsi. Elle bondit, le visage brûlant d'indignation, pour rappeler à son frère tout ce que Kuecô avait fait pour eux, dans un total oubli de soi et en n'écoutant que son courage.

— Tais-toi ! répondit Ayud. Les filles n'entendent rien à ces choses.

Ayud avait-il demandé l'aide de Kuecô ? N'avait-il pas fait tout son possible pour le dissuader de se lancer dans cette entreprise qui ne le concernait pas ? S'il se trouvait en si mauvaise posture, il n'avait à s'en prendre qu'à lui-même.

Ayud se refusait en fait à admettre que le sort de Kuecô le préoccupait davantage que le sien propre. L'avouer eût passé pour une faiblesse. Il s'obstinait à sauvegarder les apparences de loyauté qu'il devait à ceux de sa race. L'heure du jugement venue, ne serait-il pas plus sûr de lui si aucun sentiment trouble ne venait le solliciter ?

Ayud chassa d'un geste ces soucis et dit d'une voix forte :

— Je meurs de faim. Quand va-t-on se décider à nous porter à manger ?

Comme si son désir avait été entendu, une matrone, la femme de Barath, glissa dans la tente quelques lanières de viande fumée et une gourde pleine d'eau. Ils mangèrent et burent en silence. Peu après, Deïwo les faisait conduire à sa tente. Il avait dû juger la confrontation d'une particulière importance, car il avait revêtu sa pelisse de lemming cliquetante d'amulettes et coiffé ses cornes de bison. Ayud remarqua qu'il s'était entouré les yeux de traces charbonneuses pour donner plus d'intensité à son regard et qu'il portait au visage des rayures d'ocre rouge. Toloo était là. Il s'effaçait derrière le chef, le visage hermétique.

Avant même que Deïwo leur eût fait signe de s'asseoir de part et d'autre du foyer, Yawna demandait à brûle-pourpoint :

— Qu'as-tu fait de Kuecô ?

Pour lui rappeler les convenances et le respect que l'on doit au chef, Ayud lui donna une bourrade. Deïwo avait froncé le sourcil.

— Tu veux parler de l'Homme Jaune qui se faisait passer pour un mangeur de coquillages? Rassure-toi : il est encore en vie. Mais je ne puis te promettre qu'il y restera longtemps. Il a une magnifique chevelure que je compte m'approprier. Nous partagerons son cœur et son foie entre tous, car cet homme est courageux.

— Non ! s'écria Yawna. Tu ne le feras pas.

— Je t'ordonne de te taire ! gronda Deïwo. Il ne sied pas à la fille de Chaab de s'attendrir sur le sort de cette vermine jaune.

Yawna s'abrita le visage dans les mains et se laissa tomber sur les genoux. Deïwo fit signe aux autres de s'asseoir.

— Ayud, dit-il, tu as trahi par deux fois ceux de ta race. Une première fois en te faisant le complice d'Awah que nous avions exilé. Une deuxième fois en t'alliant avec l'Homme Jaune. J'aurais pu te pardonner ta première faute car tu étais alors persuadé de l'innocence du sorcier. Mais ta deuxième faute te condamne sans recours. S'il ne tenait qu'à moi, tu mourrais sans plus attendre, mais je dois prendre conseil de nos Anciens. S'ils sont d'accord avec moi, tu ne seras pas épargné. Les lois de la tribu sont formelles et, malgré l'amitié qui me liait à Chaab, je ne puis y déroger. Yawna te suivra dans la mort, à moins qu'elle ne renie l'intérêt qu'elle porte à l'Homme Jaune.

Deïwo dirigea son bâton de commandement vers Awah.

— Quant à toi, vieil homme, ta vie est finie. Je proposerai que l'on t'abandonne dans une caverne : celle où nous plaçons nos morts. Tu n'auras rien pour subsister. Si les Puissances veulent te protéger, tu survivras. Si elles demeurent sourdes à tes prières, tu mourras.

Il mit son bâton de commandement en travers de sa poitrine.

— Vous pouvez parler à présent.

Awah refusa de proférer la moindre parole. Seul, Ayud parla d'une voix fébrile.

— Le fils de Chaab, grand tueur d'Hommes Jaunes, ne peut pas avoir trahi, affirma-t-il avec force. Les Anciens le comprendront et lui pardonneront ses fautes. Chef Deïwo, il est vrai que j'ai fait alliance avec l'Homme Jaune, mais tu t'es laissé abuser par les apparences : cet homme n'est pas mon ami et ne le sera jamais. J'ai même promis de le tuer, et voilà la cicatrice qui atteste mon serment. Cette alliance n'avait qu'un but : libérer Awah et proclamer son innocence. L'alliance aurait été rompue dès que nous aurions atteint notre but.

— Ayud dit vrai, approuva Yawna. Si Chaab nous entend, il sait qu'Ayud dit la vérité.

Deïwo marqua sa réprobation en frappant la terre de son bâton.

— Tais-toi, fille de Chaab! Tu ne sais dire que des sottises. Ayud, je ne puis te croire et tu as tort d'engager l'esprit de Chaab dans ton mensonge. Chaab était un homme loyal. Tu n'es plus son fils.

Alors Ayud parla. Il raconta la fuite dans la Montagne aux Ours, la rencontre de l'Homme aux Mammouths, Orka, de Kuecô, et comment cette expédition avait été décidée. Tandis qu'il parlait, le visage grimé du chef passait par des expressions de scepticisme, de surprise, de colère. Ayud conclut habilement :

— Je dois te prévenir, chef Deïwo, nous avons

166

surpris et capturé Bichoh. Il est entre les mains des Hommes Jaunes. S'il advient malheur à Kuecô, Bichoh sera tué sans pitié.

Le visage de Deïwo trahit une profonde consternation. Mais il se reprit et déclara froidement :

— Bichoh s'est laissé prendre. Tant pis pour lui !

Puis il resta quelques instants songeur, grattant sa poitrine velue, couverte de scalps, avec la pointe de son bâton de commandement. Ayud sentit qu'il avait visé juste. Il en eut la certitude lorsque Yawna lui adressa un sourire de connivence.

* *

Le lendemain, le printemps soufflait sur les terres mortes son haleine acide. Le soleil était presque chaud et le vent du sud avait des tiédeurs irritantes. Dans la journée, la Rivière aux Serpents se mit à parler. Ce ne fut tout d'abord qu'un bruit lointain de brindilles brisées, puis le bruit s'intensifia pour atteindre au grondement de l'orage : d'ici peu, la grande débâcle allait commencer et, se poussant l'une l'autre, les glaces accompliraient leur lente déambulation à travers la plaine.

Toute cette journée, Awah, Ayud et Yawna la passèrent à observer les va-et-vient du camp entre les jambes du chasseur chargé de garder l'entrée de la tente. Leur espoir se révéla vain de découvrir où l'on pouvait bien cacher Kuecô. Ils décidèrent de se relayer pour surveiller le camp.

Ce soir-là, une rumeur de joie courut à travers les tentes. Les chasseurs étaient tombés sur une harde de rennes qui tentait sans y parvenir de franchir les glaces en mouvement. Un petit troupeau étant parti à la dérive avec des bêlements lamentables (il s'agissait de mères, accompagnées de leurs faons, qui marchaient toujours

167

en tête), le reste de la harde restait groupé sur la rive : plusieurs centaines de têtes affolées, qui tournaient en rond en bramant, montrant tantôt leur museau bavant de peur, tantôt leur disque fessier blanc comme neige.

Barath avait pris la direction de la chasse. Les hommes s'étaient déployés en arc de cercle et, lentement, se repliaient vers le fleuve, armés de harpons et de haches de pierre. Bientôt, ce fut le massacre. Sous les coups de hache, les crânes des bêtes éclataient. Elles ne cherchèrent pas, au début, à charger. Les mâles continuaient, autour des jeunes faons et des mères, un mouvement giratoire continu, d'une obsédante monotonie. Ce n'est que lorsqu'ils eurent respiré l'odeur du sang qu'ils commencèrent à s'affoler. Des chasseurs reçurent des coups terribles, les empalmures déchirant leurs chairs à toute volée. Un grand mâle avait pris la tête de la harde qu'il dominait de ses bois largement déployés. L'un des chasseurs fut désigné par Barath pour aller l'abattre. Après un bref combat, l'homme poussa un cri de victoire et les chasseurs se ruèrent, taillant dans la chair vivante, plongeant leurs harpons dans les ventres palpitants, barbouillés de sang des pieds à la tête.

Lorsque Barath jugea que la tuerie avait fait assez de victimes, il tira du sifflet d'os pendu à sa poitrine quelques sonorités aigres. Ivres de carnage, une expression de joie bestiale sur leur visage crispé, les hommes se regroupèrent autour du chef de la chasse.

Un homme partit pour le camp afin d'alerter Deïwo. Il était bientôt de retour, accompagné de femmes attelées à des traîneaux à fond plat, fabriqués avec des écorces maintenues par des armatures de bois où elles amoncelèrent les cadavres des rennes. Toloo se trouvait parmi elles. Il triomphait sans modestie, prétendant qu'il avait passé une partie de la nuit à tracer des images et à invoquer les Puissances animales

Ce soir-là, Deïwo parla à ceux de sa tribu :

— Les Puissances ne nous ont pas abandonnés, dit-il. Demain, nous les remercierons par une grande fête, en leur sacrifiant l'Homme Jaune.

Un tonnerre d'acclamations lui répondit.

**

Tard dans la nuit, le tambour avait roulé en ondes sourdes sur le camp. Alors que le soleil se couchait dans les brumes de l'ouest, au-dessus de la forêt, Deïwo pratiqua l'offrande rituelle. Il s'était fait mener, face au Couchant, un vieux renne aux pattes brisées que l'on avait conservé pour la circonstance. Toloo prononça quelques formules magiques, puis, après que deux chasseurs eurent couché la bête sur le flanc en le maintenant par ses empalmures, il cisailla la gorge. Un flot de sang inonda ses mains. Fébrilement, Toloo plongea la dague dans le poitrail, l'ouvrant de façon à dégager le cœur. Le renne s'était mis à bramer et à balayer la neige de ses pattes affolées. Un dernier soubresaut et Toloo recueillit le cœur, palpitant encore, trancha les veines et les artères et, le tenant entre ses mains levées au-dessus de sa tête, offrit ce trophée de choix aux Puissances, tourné vers les quatre coins du monde en psalmodiant les formules consacrées :

— Que le Père des Rennes soit honoré. Les hommes des Grandes Falaises ne sont pas des ingrats.

Toute la nuit, une odeur de boucherie flotta sur le camp.

Le tambour reprenait son roulement dans l'aube brumeuse.

— C'est Legh, dit Ayud en se réveillant.

Legh, lors des fêtes de la tribu, était préposé au rôle de faire lever le soleil. Empanaché de plumes comme un beau petit mâle de lagopède, il s'était installé ce matin-

169

là au milieu du camp et, avec des râles de plaisir, battait frénétiquement la peau d'onagre tendue sur un tronc évidé. Les yeux mi-clos, il guettait l'horizon et ne cesserait que lorsque le fleuve aurait libéré un gros soleil rouge. Il pousserait alors un cri strident et chacun viendrait se grouper autour de lui pour saluer l'œil rouge de sommeil des Puissances et leur demander d'être favorables à la fête.

— Le soleil est levé, fit Ayud.

Un cri immense venait de retentir au milieu du camp.

— C'est aujourd'hui que l'on doit sacrifier Kuecô, ajouta tristement Awah.

— Crois-tu qu'ils vont nous forcer à assister au supplice ? demanda Yawna.

Ayud hocha affirmativement la tête et Yawna cacha dans ses mains son visage aux yeux battus. Elle avait passé la nuit à se tourner et se retourner sur son lit d'écorce sans pouvoir trouver le sommeil et, s'il arrivait qu'elle le trouvât, un cauchemar l'éveillait en sursaut : Kuecô était attaché au cadre de dépeçage et le chef Deïwo lui découpait la peau en lanières. Ce rêve affreux qu'elle avait fait à diverses reprises — toujours le même — Yawna le conta au vieux sorcier, espérant contre tout espoir que celui-ci pût l'interpréter comme un présage heureux. Mais Awah se contenta de hocher gravement la tête, sans répondre...

Ce matin-là, tous les chasseurs restèrent au camp du Fleuve du Serpent qui parut revivre. Les yeux clos, Ayud pensait à des fêtes lointaines. Chaab les prenait par la main, lui et Yawna, et ils se promenaient le long des abris, dans la bonne odeur des viandes grillées, dans le tumulte des chants et des rires. Des hommes luttaient entre eux, d'autres disputaient un concours de javelots, Sanah racontait de très vieilles histoires d'un ton emphatique, ses yeux aveugles levés vers le ciel. Près de la rivière, des garçons et des filles dansaient en rond, accompagnés par la musique ronflante des tambours de peau et les battements de mains des matrones et des vieillards. Toute la journée, ils se gavaient de nourriture et, le soir, tandis que la fête se poursuivait autour des feux, ils se couchaient la tête lourde et faisaient des rêves étranges.

Ce jour-là, c'étaient les mêmes bruits, la même animation, mais on allait sacrifier Kuecô, et Ayud sentait la colère gronder dans sa tête. Il avait beau se répéter que, cette mort, il l'avait désirée, quelque chose de plus fort que toutes ses raisons se révoltait en lui, le sentiment, peut-être, d'une injustice. Kuecô n'était pas un simple prisonnier. S'il en était là, c'est qu'il l'avait bien voulu, mais c'est aussi qu'Ayud n'avait rien fait vraiment pour qu'il n'y fût pas.

L'entrée de la tente s'écarta brusquement. Un chasseur fit signe aux trois occupants de le suivre. Solidement encadrés, ils furent conduits vers le lieu du supplice, au milieu d'une foule qui s'écartait devant eux et se détournait sur leur passage.

Kuecô avait été installé à la place occupée l'avant-veille par Toloo, dans le cadre consacré aux dépeçages, et on l'avait attaché au mât avec les mêmes lanières rouges de sang qui avaient servi pour le sacrifice des animaux. Le prisonnier était revêtu du simple pagne de cuir qu'il portait d'ordinaire. Ses poignets étaient attachés ensemble au-dessus de sa tête à la barre transversale et les chevilles de part et d'autre à chacune des barres latérales. Il paraissait somnoler, insensible à la douleur, mais, de temps à autre, il redressait la tête, chassait les cheveux qui lui tombaient sur le visage, tressautait dans ses liens avec une expression d'extrême souffrance et replongeait dans sa prostration. Son torse lacéré de cicatrices, éclaboussé de boue et d'entrailles de rennes, haletait.

Yawna poussa un cri et se jeta en avant. Ayud la retint. Elle se débattit puis céda, et se retourna pour gémir dans l'épaule de son frère.

— La fille de Chaab ne doit pas pleurer, dit sévèrement Ayud. Je te jure que, si je pouvais faire quoi que ce soit pour que Kuecô soit libéré, je le ferais sans hésitation. Mais nous ne pouvons rien.

Au cri qu'avait poussé Yawna, Kuecô avait relevé la tête et promené des yeux hagards autour de lui. Quand il la reconnut, il esquissa un faible sourire, sa bouche s'ouvrit mais aucun son n'en sortit. Ayud lui fit un petit signe d'amitié et le visage de Kuecô parut s'illuminer d'une joie profonde.

Le roulement du tambour gronda juste derrière les trois prisonniers, préludant à l'arrivée de Deïwo. Il apparut au seuil de sa tente, dans toute sa majesté barbare, le corps recouvert d'ocre rouge, le visage peint comme un masque d'épouvante avec des terres de couleur. Il resta quelques instants immobile, les jambes écartées, son bâton de commandement en travers de la poitrine, écoutant les murmures de la tribu bourdonner autour de lui. Sous l'ample et lourde pelisse de lemming constellée de colifichets de bois et de pierre, il portait un pagne court, en cuir vert, où couraient des dessins aux significations mystérieuses. Des bracelets d'ivoire annelaient ses poignets et ses chevilles. La tête de bison aux cornes badigeonnées d'ocre rouge qui coiffait son crâne le faisait paraître plus grand et plus terrible.

Auprès de lui, Toloo, le visage dissimulé derrière un crâne de renne peinturluré, et quelques chasseurs de la tribu qui passaient pour les plus fidèles soutiens du chef, paraissaient des avortons.

On installa des peaux sur le sol où la neige avait été soigneusement balayée, et Deïwo s'assit, les jambes croisées devant lui. Toloo resta debout, dominant la foule qui se massait de part et d'autre du cadre de dépeçage. Ayud remarqua la présence de Balgah, femme de Bichoh et constata que son visage ne trahissait pas la moindre inquiétude. Deïwo avait bien dû se garder de lui faire part de la capture de son époux et de la menace qui planerait sur lui au cas où l'on attenterait à l'existence de Kuecô. Une idée insensée lui vint et il se mordit les lèvres pour ne pas crier les paroles qui lui venaient à la gorge. Ce n'est que lorsqu'il aperçut le vieux Kob s'avancer vers Kuecô avec son couteau d'os que, d'un bond, il se leva et s'écria :

— Arrêtez !

Le tambour cessa de battre et tous les regards se tournèrent vers Ayud.

— Si Kob porte la main sur cet homme, un des nôtres sera sacrifié : Bichoh !

— Faites-le taire ! s'écria Toloo de sa voix aigre.

Il fit signe à Legh de continuer à battre la peau d'onagre mais les mains du jeune chasseur restèrent en suspens. L'épouse de Bichoh venait de sortir de la foule. Elle s'approcha d'Ayud.

— Que veux-tu dire, fils de Chaab ?

— Bichoh a été capturé par les Hommes Jaunes alors qu'il venait prévenir le chef Deïwo de notre approche. Yawna peut en témoigner. J'en ai informé hier le chef Deïwo. Pourquoi n'a-t-il rien dit ?

Un flot de colère souleva Deïwo. Il s'avança vers Ayud, son bâton de commandement levé, prêt à lui briser le crâne. Il fut arrêté dans son geste par Balgah qui s'interposa entre lui et le prisonnier.

— Si Ayud dit vrai, proclama Balgah, je m'oppose à ce qu'on touche à l'Homme Jaune et je demande qu'il soit reconduit dans sa tribu en échange de Bichoh !

Un murmure d'approbation s'éleva.

— Le fils de Chaab a menti ! s'écria Deïwo. Il a outragé votre chef. Il mourra lui aussi ! Kob !

Le vieux Kob se grattait la barbe d'un air perplexe.

Il allait exécuter l'ordre de Deïwo quand Barath, qui n'avait pas soufflé mot jusqu'alors, s'avança à son tour vers Ayud.

— Le fils de Chaab ne saurait mentir aussi effrontément! dit-il. Je suis d'accord pour que l'on tente d'échanger cette vermine jaune contre Bichoh.

Les autres chasseurs qui escortaient Deïwo firent chorus. Ils jugeaient préférable d'ajourner le sacrifice.

— Je m'y oppose ! protesta Toloo.

Quelques approbations lui firent écho, vite noyées dans un grondement de colère. On ne pouvait, délibérément, sacrifier un chasseur tel que Bichoh! Ce serait faire un marché de dupes ! Il fallait épargner l'Homme Jaune !

Bouillant de colère, Deïwo consentit à libérer le prisonnier. Il fit un signe à Kob et le vieux chasseur, en maugréant, s'avança vers Kuecô et défit les lanières. Kuecô s'écroula sur place, se détendit lentement dans l'herbe souillée de sang de renne. Yawna allait se précipiter vers lui quand un grondement sourd ébranla le sol. Toutes les têtes se tournèrent vers la forêt.

Un grand mammouth venait de surgir de l'épaisse futaie. Il avançait, massif comme une montagne, les défenses menaçantes, la trompe haute, broyant sous le poids de ses énormes pattes les taillis qui se trouvaient sur son passage.

Il roula telle une avalanche sur la pente qui séparait le camp de la forêt, broya les traîneaux comme des fétus, fondit sur le camp en poussant un barrissement qui se répercuta jusqu'aux lointains du fleuve.

— C'est Nanouk ! s'écria Yawna.

C'était Nanouk. Ni Ayud, ni Yawna n'avaient vu charger des mammouths avec une telle puissance. Rien ne semblait devoir lui résister. Fou de colère, Nanouk allait réduire en bouillie le camp et ses occupants, exterminer en quelques instants les plus habiles chasseurs de la Rivière Noire.

— Orka est avec lui ! dit Ayud.

Il l'avait aperçu, petite tache claire perdue dans les épaisses jarres du garrot.

Dans le camp, la panique avait succédé à la stupeur. Deïwo jetait des ordres qui se perdaient dans le tumulte. A deux ou trois exceptions près, les chasseurs n'étaient pas armés et se préoccupaient plus de fuir à travers la plaine enneigée avec leur famille que d'empoigner leurs armes.

Parvenu aux abords du camp, Nanouk avait ralenti son allure. Excité par l'odeur des hommes, il poussa encore quelques barrissements qui firent s'éparpiller les derniers chasseurs. Puis, sans empressement, sans colère, il arpenta la grande allée bordée par les tentes, s'arrêta devant le cadre de dépeçage et promena l'extrémité de sa trompe sur le corps de Kuecô.

De la tente où ils s'étaient réfugiés, Ayud, Yawna et Awah virent Orka descendre prestement le long de la trompe, jeter Kuecô sur son épaule, émettre un petit sifflement et s'envoler dans la trompe de Nanouk jusqu'au garrot.

Debout sur la bosse de graisse, il appela, les mains en porte-voix :

— Ayud ! Yawna ! Venir!

Il répéta son appel sans succès.

— Pourquoi ne réponds-tu pas ? demanda Awah !

— Pars si tu veux ! répondit Ayud. Notre place à nous est ici.

Nanouk s'éloigna comme à regret, arracha par jeu, d'un coup de trompe, la dernière tente. Puis il prit le trot et disparut en direction du fleuve.

Ayud et Yawna sortirent de la tente quand le mastodonte ne fut plus qu'un point noir sur l'horizon.

Yawna, la gorge serrée, s'appuya à l'épaule de son frère.

— C'est fini, dit-elle. Nous ne les reverrons plus.

— Il aurait mieux valu que nous ne les rencontrions jamais, répondit Ayud.

Il eût aimé en dire davantage mais l'émotion lui brisait la voix.

L'eau de vérité

Le souvenir de Bichoh hanta toute la campagne de chasse. Malgré les allégations d'Ayud, il ne se trouvait personne pour croire qu'il avait pu être épargné. On connaissait trop bien la cruauté des Hommes Jaunes ! Autant on était persuadé qu'un échange aurait été accepté, autant on se refusait à imaginer que les hommes d'Helkô eussent pu lui laisser la vie sauve. Il est vrai qu'un mystère planait autour de cette affaire. La stupéfiante audace de l'Homme aux Mammouths en était une preuve. Une preuve aussi cette sorte d'envoûtement que paraissaient subir Ayud, Yawna, et même le vieil Awah. Pour le chef Deïwo et quelques autres, dont Toloo, tout était très clair, au contraire, et les conclusions s'imposaient d'elles-mêmes : que Bichoh fût mort ou vif, revenue vers les Grandes Falaises, la tribu prendrait les armes contre les Hommes Jaunes.

On avait transféré le camp plus près du fleuve, dans un espace de plaine très dégagé, loin de la forêt d'où le mammouth était sorti et d'où l'on craignait de voir jaillir quelque autre émanation des Puissances. On avait mal choisi. Les proches marécages, à la tombée de la nuit, libéraient des nuées de moustiques d'une espèce fort agressive. A peine les foyers baissaient-ils, qu'ils s'infiltraient dans les tentes par le moindre interstice, et, toute la nuit, le bruit monotone de leur vol, leurs piqûres douloureuses tenaient la tribu en éveil. Il avait fallu déloger une nouvelle fois.

Les pluies de printemps, tièdes et drues, avaient entraîné les dernières neiges et la plaine gorgée d'eau fumait de toutes parts dans le soleil. On entendait, le jour et la nuit, son bruit de succion, et le vieil Awah prétendait que les Puissances de la Terre s'abreuvaient aux eaux du Ciel comme à une mamelle multiple.

Peu après, l'été des steppes s'abattait brusquement sur la plaine comme un oiseau de proie. Il fut court mais torride. C'était ce que les hommes appelaient avec une sorte de crainte superstitieuse la « saison des moustiques ». Malgré la précaution que l'on avait prise d'éloigner le camp des marécages, ils sortaient de toutes parts, tournoyaient autour de la moindre chair vivante. Awah, qui avait parfois l'humeur futile, préconisait le culte d'un dieu des Moustiques auquel on sacrifierait chaque jour en offrant un homme en pâture à la soif de sang de ses congénères.

Accablés de chaleur et d'ennui, les trois prisonniers comptaient les jours qui les séparaient du retour et de leur jugement par le conseil des Anciens. Ayud se refusait 'd'échapper à cette justice, bien décidé au demeurant, à plaider sa cause et celle d'Awah et de Yawna. Il devinait que ce ne serait pas une tâche facile et, chaque jour, il polissait ses arguments, les rangeait soigneusement dans un coin de sa mémoire, d'où il les retirait le lendemain pour en vérifier le tranchant.

Awah rêvait à ses pierres magiques. Il ne pouvait se retrouver en face de Toloo sans l'accabler d'une bordée d'injures d'une prodigieuse richesse qui eussent écrasé de honte et de remords quiconque eût été habité du moindre scrupule et de la plus élémentaire fierté, ce qui n'était pas le cas de Toloo. Les colères du vieux sorcier lui arrachaient des rires inextinguibles. Il prenait même plaisir à le braver en lui montrant ses pierres magiques. Il les répandait à terre sur leur enveloppe de cuir déployée et lorsque le vieux sorcier tendait les mains pour les toucher, pour se pénétrer de nouveau de leur vertu, il les raflait prestement et Awah, ivre de colère, le chassait à coups de pied. Le caractère d'Awah s'aigrissait de jour en jour. Il se sentait inutile et impuissant, lui que l'on venait jadis consulter de lointaines contrées où le renom de sa science et de son pouvoir avait pénétré. Lorsque Ayud tentait de lui redonner confiance en lui, il se détournait avec un mauvais regard.

— Laisse-moi en paix, fils de Chaab! Tu ne vaux pas mieux que ce chien de Toloo.

Un remords le ramenait près d'Ayud mais ses sentiments d'affection n'allaient jamais plus loin qu'un « pardon » murmuré du bout des lèvres.

Yawna espérait toujours et malgré tout en quelque événement qui viendrait changer le cours de cette existence déprimante. Elle restait de longues heures assise au soleil, sur la terre craquelée, les yeux rivés sur la masse lointaine et bleuâtre de la forêt, dans l'espoir d'en voir surgir une harde de mammouths conduite par Nanouk. Ayud avait tort de croire que Kuecô renoncerait à les soustraire au jugement de la tribu et qu'il accepterait de perdre Yawna à jamais, elle qui était pour lui mieux qu'une simple compagne de solitude. Ils n'avaient jamais osé en parler, mais Yawna avait deviné qu'il lui proposerait un jour de devenir sa femme. Il n'était pas beau, avec sa grosse tête, ses membres grêles, sa courte taille. Il ne se signalait guère non plus par sa force, bien qu'il fût loin d'être un avorton. Mais sa présence, ses paroles, le regard de ses yeux clairs, pétillants d'intelligence et de malice, sa générosité suffisaient à donner à l'exis-

tence une saveur incomparable. Si Ayud n'avait pas
arrêté son élan, elle se serait précipitée vers Orka lorsque
celui-ci les avait appelés. Un espoir absurde vivait en
elle : le conseil des Anciens les chasserait des Grandes
Falaises; ils reviendraient vivre dans la Montagne
aux Ours en compagnie de Nanouk et du vieux Goûn.

Yawna restait de longues heures assise au soleil
sur les mousses brûlées, un petit bonnet de cuir cou-
vrant sa lourde chevelure. Elle ne se décidait à quitter
son observatoire que lorsque les premières fumées du
camp montaient dans l'air bleu du soir et que les premiers moustiques commençaient à la harceler.

Oui, la vie au campement était monotone. Aussi
monotone que ce Fleuve du Serpent qui s'en allait,
divisant son cours entre des îles plates vers les Grandes
Eaux Salées.

Les hommes ramenaient généralement peu de gibier.
En revanche, ils tombèrent un jour sur une petite horde
de mangeurs de coquillages en train de dépecer un
jeune mammouth que les hommes de Deïwo avaient
blessé et qui, épuisé, avait fini par se coucher pour
mourir. Il y avait eu un bref combat, vite conclu par la
fuite des hommes puants. On en avait capturé deux,
deux minables créatures, maigres à faire peur, qui n'a-
vaient de séduisant que leurs atours de coquillages et
un sac de sel. Les hommes de Deïwo se partagèrent
ce maigre butin et ramenèrent les deux prisonniers
au camp où ils servirent de divertissement aux chasseurs,
avant d'être soumis aux tâches les plus rudes et les plus
répugnantes, comme véhiculer sur des traîneaux les
entrailles des rennes ou des bisons abattus, pour les
jeter dans le fleuve. Lorsque sonnerait l'heure du
départ, on les attellerait aux traîneaux sur lesquels
on chargerait les monceaux de viande séchée qui gar-
niraient les réserves des Grandes Falaises.

180

Ce modeste événement rompit durant quelques jours l'ennui qui pesait sur le camp. Pour se distraire, les femmes allaient voir travailler les mangeurs de coquillages, leur lançaient des lazzis qui les laissaient parfaitement indifférents et des mottes de terre, ce qui les rendait hargneux et d'autant plus comiques.

Un matin, un autre événement survint : la pluie. Ce n'était encore qu'une tiède pluie d'été mais elle annonçait que la saison des moustiques allait prendre fin. Les hommes et les femmes se jetèrent dehors dès que les premières gouttes eurent crépité sur les parois des tentes et se laissèrent inonder en riant et en gambadant.

Les soirées devenaient fraîches et les moustiques se faisaient moins agressifs. Les hommes purent enfin dormir tout leur content. Un matin, Ayud mit le nez dehors en frissonnant et se frotta les membres :

— Dans moins d'une lune, dit-il, nous quitterons le Fleuve du Serpent.

Une nuit, le vent malmena les tentes, les saupoudra d'une mince pellicule de neige qui fondit au premier rayon du soleil. Les femmes se mirent à confectionner de nouvelles raquettes qui permettraient de progresser sans trop de peine dans les étendues neigeuses. Car la neige n'était plus loin. On la respirait dans le vent du crépuscule. Un soir, Awah décréta qu'elle tomberait dans moins de trois jours. Au jour dit, la plaine était blanche. Des pluies torrentielles lui redonnèrent son aspect printanier, glauque et moelleux, avec des tons changeants suivant la direction du soleil et la course des nuages. Puis, de nouveau, ce fut la neige. Deïwo réunit les chasseurs dans sa tente pour distribuer les consignes du départ. La mort de Bichoh — elle apparaissait maintenant certaine — n'était pas oubliée. Bichoh serait vengé car, s'il ne l'était pas, les mânes des ancêtres se détourneraient de la tribu et les plus grands malheurs risqueraient de lui advenir.

Au jour dit, les traîneaux qui accompagnaient l'expédition étaient en ligne, chargés de bagages, de peaux et de viandes séchées et boucanées. On y attela les femmes et les mangeurs de coquillages auxquels, depuis quelques jours, afin qu'ils aient suffisamment de force, on n'avait pas ménagé la nourriture. Toloo étudia laborieusement le foie d'un renne abattu la veille pour y découvrir les bons et les mauvais présages. Quand il annonça que le voyage devait se dérouler sans encombre, il fut salué par un ouragan de cris.

Lentement, dans l'aube verte, la caravane s'ébranla vers le Sud.

*
* *

Le voyage de retour avait duré moins d'une lune. Hormis quelques attaques de chiens sauvages qui guettaient les traînards et furent facilement repoussés, il s'effectua sans incidents notables. Ce fut, pour Toloo, l'occasion d'un triomphe facile et sans modestie.

Ayud et Yawna retrouvèrent avec émotion leur abri. Rien n'avait changé. La réserve de bois était intacte. Dans la cuvette d'argile craquelée du foyer restaient encore les charbons du dernier feu datant du soir où ils avaient fui avec Awah. Non, rien n'avait changé, si ce n'est, dans la niche où s'alignaient les crânes des Ancêtres, la présence d'un nouveau crâne, celui de Chaab, préparé par Ankah, morte depuis, durant l'été.

Rien n'avait changé et pourtant rien n'était pareil.

Il y avait, devant l'abri, un homme armé d'une sagaie et qui veillait.

Pour simplifier la surveillance, on avait enfermé Awah dans le même abri que les jeunes gens. Ils n'avaient la permission de sortir que deux fois le jour, pour une brève promenade. Le reste du temps, ils le passaient à dormir autour du foyer. L'hiver avait soufflé son haleine de mort sur la Rivière Noire. En quelques jours, le paysage était devenu d'un gris de cendre après le bref flamboiement de l'automne. Seuls quelques chênes avaient gardé leur robe fauve qui tranchait sur les surfaces livides des falaises nacrées d'humidité aux endroits que le soleil ne visitait pas.

Le jour du jugement approchait et Ayud l'appelait de tous ses vœux. Il en avait assez de l'incertitude dans laquelle on le tenait depuis des lunes. Tout, même la mort, lui paraissait préférable à cette attente insupportable. La mort, Ayud ne la redoutait point; il savait qu'il retrouverait Chaab et qu'ils chasseraient ensemble dans les territoires du Couchant jusqu'à la fin des temps.

Ils apprirent la date du prochain conseil des Anciens de la bouche de Deïwo. Le chef lui-même paraissait décidé à en finir. Il renouvela les menaces qu'il avait formulées durant l'été. C'était, à moins d'une improbable clémence des Anciens, la mort pour tous les trois. Cette affaire réglée, il irait porter la guerre chez les Hommes Jaunes. Il était bien résolu à venger cruellement la mort de Bichoh.

— Vous avez trois jours pour vous préparer, dit Deïwo.

Encore trois jours... Ayud se retint pour ne pas laisser éclater sa colère.

— Tu es bien impatient de mourir, dit Deïwo. Il est vrai que ce sera pour toi un moyen d'oublier tes fautes. Puis il ordonna aux deux hommes de sortir pour s'entretenir seul à seul avec Yawna.

S'efforçant d'adoucir les rudes inflexions de sa voix, il attira la fille de Chaab contre lui, la fit asseoir sur son genou.

— Yawna, dit-il, je sais que tu n'es pas pour grand-chose dans cette affaire. Tu t'es laissée entraîner par ton frère. Tes sentiments pour lui, la crainte qu'il t'inspire t'ont contrainte à lui obéir. Je ne t'en veux pas et je suis prêt à plaider ta grâce. Je te promets de l'obtenir si tu consens à devenir mon épouse.

Yawna ne se laissa pas surprendre.

— Tu es déjà marié, chef Deïwo, et les lois de la tribu interdisent d'avoir plusieurs femmes.

Les petits yeux gris de Deïwo se rembrunirent.

— Je sais cela, dit-il. Mais Gamah est malade, stérile et insupportable. Dès que je pourrai, je m'en débarrasserai.

— Et si je tombe malade, si je deviens insupportable, et si je ne puis te donner d'enfants, tu feras de même pour moi d'ici quelques lunes !

— Non ! dit sourdement Deïwo. Toi, tu n'es pas comme Gamah.

Sur ces paroles énigmatiques, il glissa sa main râpeuse sur la joue de Yawna qui recula instinctivement.

— Tu ne m'aimes pas beaucoup, soupira Deïwo.

— Je te déteste.

— Pourtant, tu sais que je puis te contraindre à être ma femme.

— Je préférerais me donner la mort plutôt que de t'appartenir. Si Ayud meurt, je ne pourrai pas lui survivre. Toloo et toi-même serez responsables de trois morts.

La voix de Deïwo perdit toute douceur. Il émit une sorte de feulement de colère, se dressa après avoir repoussé brutalement Yawna. Il leva la main sur elle mais suspendit son geste.

— Je devrais te battre jusqu'au sang ! dit-il. La fille de Chaab est une sotte et une effrontée. Sache que tu mourras avec Ayud et Awah !

Deïwo sortit comme un ouragan. Ayud se précipitant dans l'abri y trouva Yawna en larmes.

— Ayud ! dit-elle, oh ! Ayud, nous mourrons tous les trois.

⁂

Cette nuit-là, Ayud ne dormit guère. Il se tournait et se retournait sur son lit d'écorce, s'agenouillant au bord du foyer qu'il alimentait distraitement avec des brindilles. Peu lui importait de mourir. Mais Yawna...

Elle n'avait fait que le suivre passivement. Elle était sa sœur, une jeune fille à l'âge tendre, et son devoir à lui, Ayud, était de la protéger...

Il revenait à son lit d'écorce, s'y allongeait sur un côté, puis sur l'autre, se relevait pour boire à la gourde.

Soudain, alors qu'il avait la bouche collée à l'orifice, un vieux souvenir lui traversa l'esprit. Il s'essuya les lèvres à son poignet, remit en place le bouchon d'ivoire et se mit à monologuer à voix basse :

— L'eau qui fait parler... L'eau qui fait parler...

Il dénicha dans le caisson de pierre quelques baies noires et aigrelettes de camarine, s'assit près du feu pour les grignoter.

— L'eau qui fait parler...

Pourquoi ce souvenir remontait-il du fond de sa mémoire ? Pourquoi revenait-il le solliciter avec une soudaine insistance, comme si une voix venait de le lui souffler à l'oreille ? Il regarda le crâne de Chaab, installé juste au-dessus de la gourde, et frémit.

Oui, il se rappelait parfaitement... Il y avait de cela quatre hivers. Un pochon de sel avait disparu dans la réserve de Deïwo. Sahati avait été soupçonné du vol mais Deïwo n'avait aucune preuve de sa culpabilité et il enrageait de son impuissance à la découvrir. C'est alors que le vieil Awah avait eu l'idée d'utiliser contre le présumé coupable « l'eau qui fait parler ». Deïwo l'ayant hautement approuvé, Awah avait annoncé aux Anciens que, sur ordre du chef, il utiliserait un procédé magique qui ne pouvait être employé que dans des circonstances exceptionnelles et avec le consentement des Puissances. Et Sahati avait avoué...

Ayud réfléchit un moment avant d'aller réveiller Awah. C'était une entreprise périlleuse. Awah dormait peu mais n'aimait guère être réveillé. Quand il lui eut secoué l'épaule, Ayud dut lui intimer l'ordre de se taire, sans quoi le vieux eût réveillé, par ses imprécations, la tribu tout entière.

— L'eau qui fait parler... murmura Ayud, en collant sa bouche à l'oreille du vieillard.

— Et alors? grommela Awah. Nous en reparlerons demain. Laisse-moi dormir !

Il se retourna en bougonnant, le nez contre la cloison de peau. D'une main hésitante, Ayud lui toucha de nouveau l'épaule. De fort mauvaise grâce, frottant ses yeux rouges de sommeil, Awah s'assit sur sa couche.

— L'eau qui fait parler... grogna-t-il. C'était un procédé truqué, mon fils. Mais l'expérience a parfaitement réussi, puisque j'ai pu confondre le coupable. Que les Puissances me pardonnent ce subterfuge !...

Il se leva, alla s'assurer que l'homme posté à l'entrée ne les écoutait pas. Puis il revint s'asseoir auprès d'Ayud.

— J'avais fait absorber à Sahati un breuvage qui n'était rien d'autre que de l'eau à laquelle j'avais mêlé une forte dose de narcotique. Pendant que Sahati dormait, je suis resté auprès de lui. Mais lorsqu'il parla dans son sommeil agité, il ne révéla quoi que ce fût sur son méfait. C'est alors que l'idée me vint d'une supercherie. Lorsque Sahati s'éveilla, je lui annonçai qu'il s'était trahi lui-même pendant son sommeil.

Effondré, Sahati se confondit en lamentations et reconnut son forfait. On retrouva le sel à l'endroit qu'il indiqua lui-même.

Ayud paraissait accablé.

— Je pensais, dit-il d'une voix morne, que tu aurais pu, avec l'accord des Anciens, utiliser ce procédé contre Toloo. Mais puisqu'il était truqué...

La main sèche du vieil Awah frotta amicalement la chevelure hirsute de son jeune compagnon de détresse. Il se retourna vers la cloison.

— Je suis désolé, Ayud ; maintenant, dormons !

Quelques instants s'écoulèrent et soudain Awah jaillit de sa couche et se précipita vers Ayud qui achevait de grignoter sa poignée de camarines. Son visage rayonnait.

— Ayud ! Écoute ! Je viens de réfléchir à ce que tu me disais. L'eau qui fait parler... Ah ! Ah !

Il éclata d'un rire de crécelle qu'il étouffa derrière sa main.

— Après tout, Sahati en a toujours voulu à Deïwo de l'avoir ainsi humilié. Il ne manque depuis ce jour aucune occasion de s'opposer à lui dans les Conseils. Si Sahati met sa rancune au service de notre cause, il y a peut-être là un moyen de confondre Toloo. Que les Puissances nous viennent en aide, Ayud !

Sans prêter attention à la perplexité d'Ayud, le sorcier se jeta de nouveau sur sa couche et s'endormit aussitôt.

*
* *

C'était un jour comme les autres. Aucun signe n'en proclamait l'importance, bien que l'existence d'Awah, d'Ayud et de Yawna dût se jouer dans ces quelques heures de clarté blême qu'on appelait encore le jour.

Sahati seul connaissait à l'avance la proposition qu'Awah comptait faire à ses juges de mettre Toloo à l'épreuve de l'eau qui fait parler. Sahati avait promis d'obtenir cette épreuve. Au signe d'intelligence qu'il lui adressa, à peine la réunion avait-elle commencé, Awah comprit que Sahati tiendrait parole : il était impatient de venger l'humiliation publique que Deïwo lui avait infligée pour un modeste sachet de sel.

Awah comptait un autre allié : Gerbh, bien décidé à ne pas se laisser circonvenir par Deïwo : Toloo l'avait mal soigné et il traînait une jambe qui le faisait atrocement souffrir.

L'audience se déroula dans l'abri vaste et haut de plafond que le chef habitait avec son épouse, Gamah. Accablée par une sorte de langueur et de résignation au mal profond qui la dévorait, la pauvre femme ne se levait plus. Ayud et Yawna promenèrent des yeux éblouis sur le décor qui les entourait. Comparé aux abris des autres membres de la tribu, celui du chef Deïwo était d'une richesse extraordinaire. Sur les parois tapissées des peaux les plus fines et les mieux travaillées, s'entrecroisaient en harmonieuses et puissantes arabesques les défenses des mammouths et des rhinocéros abattus durant les mois d'été dans le nord. En toute occasion, il s'attribuait, avec la complicité de Toloo, les plus somptueux trophées et laissait à ses hommes le tout-venant. Il régnait aussi sur le sel et, bien qu'il eût en réserve une énorme quantité de cette précieuse denrée, il la distribuait parcimonieusement. Ayud reconnut, sous le crâne de bison qui coiffait le chef, les colliers de petits coquillages blancs, formés en résille, qui avaient été dérobés aux deux prisonniers capturés dans la steppe, près du Fleuve du Serpent.

Tout se déroula comme Awah l'avait prévu. Deïwo rappela laborieusement (il n'avait pas le don de l'éloquence), l'affaire que les Anciens auraient à juger.

— Awah et les enfants de Chaab, conclut-il, ont

enfreint les lois de la tribu. Ils ont pactisé avec nos pires ennemis. Rien ne peut justifier leur action.

C'est alors, à la grande surprise de Deïwo et de Toloo, que Gerbh intervint.

Le chef Deïwo avait-il gardé en mémoire l'épreuve à laquelle on avait soumis Sahati soupçonné d'avoir dérobé un pochon de sel ? Sahati avait avoué après avoir bu le breuvage magique. Personne, dans l'auguste assemblée, ne pouvait mettre en doute la parole de Toloo, mais la cause à juger était exceptionnellement grave puisque la vie de trois des leurs en dépendait et il était nécessaire, aux yeux de la tribu tout entière, qu'aucun doute ne pût planer sur la décision que le Conseil aurait à prendre. Si Toloo était innocent, la vérité se ferait jour d'elle-même. Il convenait de lui faire subir l'épreuve sans en rien omettre. Toloo devrait s'exiler dans la grotte des morts, seul avec sa conscience, sans nourriture, avec simplement une gourde pleine d'eau. Il resterait ainsi deux jours pleins, sans recevoir la moindre visite. Ensuite, il boirait... l'eau qui fait parler.

Deïwo se leva d'un bloc du crâne de mammouth sur lequel il était assis. La colère le faisait trembler.

— Qui t'a soufflé cette sottise, Gerbh, toi que je prenais pour un homme plein de sens et d'expérience?

— Acceptes-tu ? demanda Sahati.

— Je m'oppose à cette épreuve ! dit Toloo.

— C'est bon, dit Apsa. Alors nous décréterons la grâce des trois accusés.

— Je constate, dit amèrement Deïwo, que vous vous êtes concertés à mon insu.

Sahati se leva :

— Les Anciens sont libres de leur jugement. Ils croient à l'innocence de Toloo mais ils désirent qu'elle éclate au grand jour.

Toloo protesta. N'étant pas l'accusé il n'avait pas

à être mis à l'épreuve. En revanche, il ne s'opposait nullement à ce que les trois accusés le soient.

— Leur tour viendra, dit Gerbh.

Sahati interrompit sèchement la discussion:

— Chef Deïwo, acceptes-tu, oui ou non?

Deïwo avait blêmi. C'était la première fois qu'il se trouvait en butte à l'hostilité ouverte du Conseil dans une affaire de cette importance. Mettre leur rébellion en échec, proclamer leur déchéance, cette idée le hanta l'espace d'un éclair. Mais il ne pouvait la réaliser qu'en risquant de s'aliéner le respect de toute la tribu et de perdre tout prestige auprès des autres tribus de la Rivière Noire ses alliées. La maladresse, l'ambition de Toloo l'avaient conduit dans cette impasse, lui qui avait cru à la culpabilité d'Awah et à l'innocence du jeune sorcier. Mais il avait soutenu trop ouvertement Toloo pour, aujourd'hui, l'accabler. Sagement, il décida de laisser le destin s'accomplir. Si Toloo avouait, que risquait-il, lui, Deïwo? D'être suspecté de légèreté? Ce serait une accusation bien anodine. D'être à son tour accusé par Toloo de certaines malversations? Qui prêterait foi à la parole d'un criminel?

— Mon but, dit-il, n'était pas d'entraver la justice, vénérables vieillards. Je vous abandonne donc Toloo. Et que les Puissances se prononcent par l'intermédiaire de l'eau magique.

— Je reconnais bien là ta sagesse, chef Deïwo, dit Apsa.

Conduire Toloo à la grotte des morts ne fut pas une petite affaire. Il refusa de suivre les deux hommes — des guerriers incorruptibles, choisis avec soin par Sahati — et il fallut user de la menace et de la force. Enfermé comme une bête, en compagnie d'une femme morte trois jours auparavant, il se mit à se lamenter, puis à injurier ses gardiens, les Anciens, le chef Deïwo, jurant qu'il les ferait mourir d'un mal terrible et mystérieux. Il s'éveillait au milieu de la nuit, se jetait à plein corps contre les branchages qui fermaient entièrement l'entrée du petit abri. Il ne pouvait rester couché : il lui semblait s'identifier avec le cadavre, être l'objet d'une singulière osmose, sa vie passant dans le corps raidi de la femme, tandis que la mort lui paralysait les membres.

A l'aube du troisième jour, lorsqu'on vint le chercher, Toloo se laissa entraîner sans réagir. Ses cheveux étaient devenus tout blancs et seuls ses yeux bordés de rouge paraissaient vivre encore dans son visage livide et figé. Ivre d'angoisse et de fatigue, il ne proféra pas une parole jusqu'à l'abri de Deïwo; mais lorsqu'on l'eut introduit, qu'il se trouva au milieu des Anciens, qu'il aperçut, placé sur une pierre, devant le foyer, le gobelet enduit d'ocre rouge qui contenait le breuvage magique, il poussa une plainte déchirante et tomba à genoux.

Sahati lui tendit le gobelet.

— Bois, dit-il. Si tu es innocent, tu n'as rien à craindre.

Toloo recula, gémit :

— Vous voulez m'empoisonner! Allez chercher le chef Deïwo!

— Le chef Deïwo, dit Apsa, n'entrera ici que lorsque l'épreuve sera terminée et que la vérité sera sortie de ta gorge. A moins qu'elle ne soit déjà sur tes lèvres.

Machinalement, Toloo porta la main à ses lèvres desséchées, promena autour de lui un regard hébété, se leva lentement.

— Allons, dit Sahati, ne nous fais pas attendre. Bois ! Je t'assure que tu n'as rien à redouter. Le sommeil va tomber sur toi. Tu parleras en dormant, tu répondras aux questions que nous te poserons, et ainsi tu seras lavé de tout soupçon. J'ai moi-même passé par une telle épreuve, jadis, et n'en ai pas souffert.

Toloo jeta un regard soupçonneux sur le gobelet, le prit en tremblant des mains de Sahati, l'éleva vers ses lèvres, goûta, et soudain, avec un cri déchirant, le jeta avec son contenu dans le foyer.

— Non! s'écria-t-il. Vous vouliez m'empoisonner! Il se roula à terre, l'écume aux lèvres, mordant les fourrures qui tapissaient l'abri. Puis il se détendit, s'allongea sur le dos, les yeux perdus dans la fumée épaisse et blanche qui suivait le plafond avant de se perdre au-dehors.

— Oui, dit-il. C'est moi qui ai tué Chaab...

Par la lance
et le poignard

Il y avait maintenant deux cadavres dans la grotte des morts : celui de la femme et celui de Toloo. On avait longtemps balancé entre deux décisions : laisser ce dernier en pâture aux loups et aux chiens ou le garder pour l'inhumer lorsque la terre serait dégelée. On se décida pour cette dernière solution, de crainte de voir l'âme de Toloo, ses ruses, sa cruauté, passer dans le corps d'un fauve. C'était un très vilain cadavre. Deïwo s'était acharné sur lui après lui avoir fendu le crâne de son bâton de commandement, comme s'il avait hâte que la dernière goutte de sang se fût écoulée du corps déchiqueté à coups de sagaie.

— Voilà la punition qui attend tous ceux qui porteront atteinte à la vie de l'un des nôtres, avait proclamé Deïwo lorsqu'il eut achevé sa sinistre besogne.

Un murmure d'horreur avait couru dans l'assistance. Toute la tribu des Grandes Falaises avait été conviée au supplice de Toloo et avait frémi lorsque Deïwo s'était redressé, le torse barbouillé de rouge comme s'il avait écorché un cent de rennes.

Il avait ajouté, si bas que seuls les assistants des premières rangées avaient compris ses paroles :

— Toloo était mon ami, mais l'amitié ne compte pas

lorsqu'il s'agit de punir un criminel. Si Toloo avait été mon frère, je l'aurais tué de la même manière.

Deïwo était descendu jusqu'à la rivière, seul, pour s'y laver. Il était resté debout un long moment, dans l'eau jusqu'à mi-cuisse, insensible au froid, à regarder le sang de Toloo se défaire comme un nuage, au fil du courant. Quand il eut achevé, il sortit, longea la berge sur une centaine de pas, les yeux rivés à cette brume rosâtre qui paraissait avoir envahi la rivière. La terre avait bu le sang de Toloo, l'eau l'avait absorbé. Lui, Deïwo, avait offert aux Puissances la vie de celui qui avait baigné dans le crime et le mensonge. Lui, Deïwo, mériterait, pour cet acte de justice, le pardon de ses propres crimes, de ses propres mensonges.

Lorsqu'il releva la tête, le monde entier paraissait tremper dans un bain de pourpre. Il porta les mains à son visage et s'assit sur l'herbe. Tout aurait-il, désormais, cette couleur? Le sang de Toloo colorerait-il son existence jusqu'à l'heure de sa mort?

Deïwo poussa un gémissement de bête blessée, se retourna comme pour chercher le réconfort d'une présence. Il était seul et continuerait de l'être. Seul avec cette ombre qu'était Gamah. Il n'avait jamais eu de véritable ami, de véritable soutien, hormis Toloo, et il l'avait tué de ses propres mains. Tous le redoutaient, mais qui donc l'aimait? Ceux qui prendraient la succession de Sanah, le vieil aveugle à la mémoire profonde, et, qui apprendraient de ses lèvres l'histoire de la tribu, diraient : « Ensuite vint Deïwo qui épousa Gamah dont il n'eut pas d'enfants. Deïwo était d'une force colossale mais d'une sottise rare. Seule sa force imposait le respect. Il tua de ses propres mains son seul ami, le sorcier Toloo qui avait empoisonné Chaab. » Deïwo leva les mains devant ses yeux, les examina longuement. C'étaient des mains énormes et laides. Il manquait deux phalanges sectionnées l'une au temps de son initiation et l'autre à l'occasion de la maladie qui avait emporté son vieux père adoptif. Il se souvenait du gémissement de Gamah lorsqu'il s'était approché d'elle pour la première fois, les mains en avant. Gamah ne l'avait jamais aimé. Elle avait été prise de cette étrange maladie au lendemain même de leur union. La répudier ? C'eût été faire à son père, chef de l'une des plus puissantes tribus de la Rivière Noire, un affront impardonnable.

Deïwo avait longtemps regardé ses mains. A l'aide d'une aiguille de pierre accrochée à sa pelisse, il avait curé méticuleusement ses ongles garnis de crasse et de sang. Puis il était remonté à pas lents vers son abri, les épaules fléchies comme s'il portait une charge énorme de solitude et d'ennui. Les femmes étaient en train de coudre ce qui restait de Toloo dans une peau de bœuf.

Lorsqu'elles l'avaient aperçu, elles s'étaient retirées en dissimulant leur visage.

***

L'entrée de la tente se souleva sur un pan de ciel, vert de crépuscule, et Gerbh pénétra dans l'abri de Chaab. Il eut un sourire en voyant le vieil Awah jouer avec ses pierres comme un enfant avec un jouet retrouvé.

— Entre ! dit Awah d'une voix joviale. Regarde ! Il n'en manque pas une ! Elles sont toutes là, mes « Filles du Soleil », mes transparentes, mes précieuses... Même la pierre dont l'Orage m'a fait présent. Je guérirai ta blessure, Gerbh. Quand j'ai mes pierres entre les mains, je me sens habité d'un pouvoir infaillible.

— Écoute plutôt ce que j'ai à te dire. Et vous aussi, Ayud, Yawna. Approchez !

Gherb s'assit près du foyer, allongea vers Awah sa

195

jambe douloureuse que le sorcier se mit à masser avec une expression d'intense jubilation.

— Toi, Awah, dit Gerbh, tu pourras, dès demain, regagner ta niche à ours.

— La « Maison de la Foudre », rectifia Awah en fronçant le sourcil.

— Tu n'auras plus rien à craindre, désormais. Tu sors grandi de cette épreuve. Doucement! Tu me fais mal... Il ne se trouvera plus personne pour te reprocher la mort de Chaab. Quant à vous deux, votre sort n'est pas encore réglé. Awah est innocenté. Vous, c'est une autre affaire.

— Ils sont aussi innocents que je puis l'être! s'écria Awah. Je m'en porte garant.

— Ils ont fait alliance avec l'Homme Jaune, soupira Gerbh. Et l'Homme Jaune est notre ennemi irréductible.

Gerbh poussa un gémissement.

— As-tu fini de me faire souffrir, vieille bête? Ayud, je te défendrai devant le Conseil des Anciens. Mais je ne suis pas seul et je crains que le Conseil ne se montre sévère. Deïwo, tu ne l'ignores pas, a demandé ta mort.

— Je ne crains pas la mort, répondit Ayud.

— Tu es le digne fils de Chaab. Ton père était mon ami et je t'aime autant que mon propre fils. Si le Conseil se prononçait pour la mort, je ne m'en consolerais pas.

Le vieux Gerbh se grattant la barbe, poursuivit :

— Mais peut-être y a-t-il un accommodement.

— Lequel ?

— Tu le sauras demain. Mais, quoi qu'il arrive, Yawna sera sous ma protection et Deïwo ne mettra pas la main sur elle, je t'en donne l'assurance. As-tu fini, vieux saïga ?

— Te sens-tu mieux ?

— Nous verrons cela demain. Si je ne suis pas guéri, gare à tes vieux os !

— Tu peux partir tranquille. Mais je tiens à te dire ceci, espèce de renne bancal ! Si par malheur vous touchez à un cheveu d'Ayud et de Yawna, je prends mes pierres et je vais vivre ailleurs.

— Je ferai tout pour que tu restes, dit Gerbh. Je ne tiens pas à ce que ma jambe tombe en charpie...

* *

Ayud et Yawna attendaient sur le seuil de l'abri de Deïwo, où les Anciens délibéraient pour décider de leur sort. C'était l'une des dernières belles journées avant les grands froids et la neige. Une tiédeur falla-cieuse baignait la falaise, laissant croire au printemps, mais, lorsque se levait une vague de vent d'est, on voyait dans la vallée, près de la rivière, tournoyer les feuilles mortes. L'idée de la mort effleura Ayud et il frissonna. Non, la mort ne l'effrayait pas, mais il se sentait accablé par une immense tristesse. Ne plus sentir l'exacte rondeur d'un manche de sagaie au creux de sa main, ne plus respirer l'odeur des étendues de steppe vierge dans l'aube de printemps, ne plus se griser du spec-tacle sans fin renouvelé des bêtes remontant vers les neiges, ne plus sentir entre ses doigts les doigts grêles de Yawna, ne plus entendre les paroles bourrues du vieil Awah, autant de renoncements dont il acceptait difficilement l'éventualité. Il lui semblait que chaque instant qui s'écoulait lui proposait toutes les richesses et toutes les émotions du monde avec un arrière-goût d'amertume.

À l'intérieur de l'abri, ils continuaient à parler. Ayud entendait parfois un bourdonnement sourd mais trop confus pour qu'il pût comprendre le sens des paroles que l'on échangeait.

— Comme c'est long, dit Yawna en renversant la

tête contre la paroi du rocher attiédi par le soleil.

Elle regarda tournoyer un vol de choucas. Ils apparaissaient subitement, dans une rafale de cris aigres, par-dessus la falaise, planaient sur la vallée, disparaissaient pour reparaître de nouveau. « Comme le souvenir de Kuecô », songeait Yawna. Elle y songeait parfois si intensément que son image se formait sur sa rétine et qu'il paraissait vivre d'une vie qui ne devait rien à la volonté de Yawna.

— S'il t'arrivait malheur et que je survive, dit-elle, à Ayud, je quitterais les Grandes Falaises, et j'irais retrouver Kuecô.

— Je te le défends !

— Tu ne pourrais plus rien m'interdire.

— Gerbh ne te laissera pas partir.

— Je me moque de Gerbh.

Ayud allait répliquer avec vivacité quand l'entrée de l'abri s'ouvrit, laissant apparaître le nez de Sahati. Il fit signe aux jeunes gens de s'avancer.

Il faisait dans l'abri une chaleur suffocante. La santé de Gamah exigeant beaucoup de chaleur, on entretenait le foyer, nuit et jour, été comme hiver. Ayud parcourut des yeux le cercle des vieillards. Gerbh lui fit un petit signe d'intelligence. Les autres observaient la solennité un peu guindée qu'exigeait leur rôle.

— Nous avons longuement examiné votre cas, dit Deïwo. Pour Yawna, ce sera la grâce pure et simple. Elle n'a fait que te suivre aveuglément. Quant à toi, Ayud, ton cas est plus grave. Nous avons conclu que les circonstances et ton manque de maturité ont égaré ton jugement. Admets-tu ta faute ?

— Je l'admets, dit Ayud. Je ferai ce que le Conseil m'ordonnera.

— Fort bien. Alors, voici ce que nous avons décidé, fils de Chaab. Nous te laisserons la vie, mais c'est en la risquant que tu te rachèteras. Pour compenser la mort de Bichoh, il nous faut la vie d'un Homme Jaune. Rapporte-nous la tête du compagnon de l'Homme aux Mammouths et nous estimerons que ta faute est lavée et que tu peux réintégrer ta tribu.

La main de Yawna chercha celle d'Ayud. Il la repoussa doucement.

— Ce que vous me demandez-là n'est pas facile, dit Ayud.

— Crains-tu l'Homme Jaune ?

— Je crains sa faiblesse.

Le tribunal des Anciens se mit à bourdonner comme un essaim de guêpes.

— Explique-toi, dit Gerbh.

Ayud montra la profonde brûlure qu'il portait au bras.

— Cette cicatrice est le gage d'un serment que j'ai fait de tuer Kuecô, l'Homme Jaune, dès que l'aventure que nous avons vécue serait terminée. Mais si je mets ma promesse à exécution, je serai un lâche car je tuerai un homme sans défense. Kuecô a juré qu'il ne porterait plus jamais une arme contre un autre homme.

— Kuecô est un pleutre ! dit Deïwo.

— Non, répondit Ayud. C'est un fou. Un fou et un naïf. Il est allé jusqu'à imaginer que la guerre pouvait cesser entre sa tribu et la nôtre. Elle dure depuis des générations et ce n'est pas lui qui pourra y mettre un terme.

— Son exécution serait une épreuve facile pour un lâche, dit Gerbh ; pour toi, ce sera difficile, et ton rachat n'en sera que plus méritoire.

— Tu sais où trouver ce Kuecô ? ajouta Deïwo.

— Dans la Montagne aux Ours. Je vous rapporterai sa tête.

— Tu partiras demain, seul. Que les Puissances veillent sur toi, fils de Chaab !

Yawna s'occupa à ranimer le feu tandis qu'Ayud vérifiait ses armes. Il leur donna toute son attention. Les ligatures en nerfs de renne qui fixaient la lame de pierre des sagaies au fût de bois ne s'étaient-elles pas relâchées? Les fibres d'écorce qui liaient la pointe à la fusée n'avaient-elles pas trop souffert de l'humidité? Ayud vérifia méticuleusement le tranchant de son poignard d'ivoire, cadeau de Chaab, goûta une ivresse légère à l'essayer sur une taille de viande fraîche. Il changea une sagaie pour un harpon, prit des cordes de rechange pour son arc. Une joie d'enfant cruel lui baignait le cœur, mêlée à un sentiment d'amertume. Il eût dû partir vers Kuecô les mains nues mais il se refusait à sacrifier le plaisir subtil qui entoure les préparatifs d'une expédition. Et il s'armait comme s'il allait avoir à affronter seul toute une horde d'Hommes Jaunes.

Yawna le regardait opérer, à la dérobée. Elle se releva, frotta ses yeux brûlés par la fumée, soupira :

— Je pensais que tu aurais refusé.

Cette idée avait effleuré Ayud. Lorsqu'il avait annoncé aux Anciens que Kuecô avait définitivement renoncé à porter les armes, il avait eu l'espoir qu'ils lui épargneraient l'épreuve à laquelle ils désiraient le soumettre. Il dit simplement :

— Comme tout serait facile, si Kuecô acceptait de se défendre!

— Laisse-moi t'accompagner! supplia Yawna.

Ayud secoua la tête. C'était impossible. Yawna ne ferait que lui rendre la tâche encore plus difficile. Ils mangèrent en silence, de la pointe des dents, une venaison qui leur parut insipide. Puis ils se couchèrent, à peine le jour venait-il de tomber.

C'est le vieil Awah qui vint réveiller Ayud. Il avait

appris la décision des Anciens et la jugeait absurde et d'une inutile cruauté. Autour du cou de son jeune compagnon, il passa un cordon qui portait un large disque pectoral taillé dans une omoplate de bœuf musqué et gravé de signes mystérieux.

— Cette amulette te portera chance, dit-il. Moi, je vais me retirer dans la grotte des morts et faire en sorte que mon pouvoir passe en toi.

Ayud partit alors que le jour venait à peine de naître. Le temps était doux. L'air sentait la neige prochaine. Du ciel couvert de nuages gras et lourds tombait une clarté qui paraissait venue d'un autre monde. Ayud suivit la Rivière Noire puis obliqua vers la Vallée des Mammouths, singulièrement silencieuse. C'était la première fois qu'il se trouvait ainsi, seul, au cœur de la nature sauvage et il en ressentait un trouble inaccoutumé. C'était moins de la peur que l'impression pénible d'une solitude irrémédiable et, plus il s'enfonçait dans la vallée, plus cette impression se précisait. Pour la vaincre, il s'attachait au souvenir de Chaab, essayait de retrouver quelque trace de la haine qu'il avait vouée à Kuecô. En vain. Les oreilles bourdonnantes, il s'enfonçait dans la solitude glacée, se retournant de temps à autre comme s'il avait eu à ses trousses l'être sans nom et sans visage qui lui inspirait un tel trouble.

Il retrouva sans trop de peine l'abri qu'ils avaient occupé quelque temps avec Awah. Au moment de reprendre son chemin, Ayud sentit la lassitude l'envahir. Il songea à passer là le reste du jour et la nuit suivante. Mais le soleil était encore haut par-dessus l'horizon. Il décida finalement de poursuivre son chemin vers la caverne d'Orka.

Mal lui en prit. Peu de temps avant le crépuscule, alors que la neige se mettait à tomber dans l'air immobile, il entendit le tumulte caractéristique d'une harde de chiens sauvages en train de donner la chasse à quelque gros gibier. Il les vit se presser vers lui, immense troupeau fauve qui couvrait tout le fond de la vallée sur une centaine de coudées. Le saïga poursuivi paraissait épuisé. Il galopait d'une allure hésitante, le mufle tendu en avant, s'arrêtant pour pousser un brame de mort, repartant d'un bond, la robe écumante.

En apercevant Ayud, une partie de la harde abandonna la poursuite du saïga pour se retourner contre le chasseur solitaire. Ayud parvint à gagner un bouquet de châtaigniers et à se hisser jusqu'à la première fourche. Le sentiment d'un danger précis l'avait délivré de son angoisse.

La harde se regroupa autour de l'arbre en poussant un concert d'aboiements furieux. Quelques molosses tentèrent, en se jetant contre le tronc, d'atteindre le chasseur. Mais il était hors de leur portée.

Ayud s'installa le plus commodément qu'il put pour la nuit. La fourche était suffisamment puissante pour supporter son poids et il n'avait pas à craindre pour son équilibre. Dans l'espoir de distraire l'attention de ses féroces gardiens, il tira quelques flèches dans la masse. Chaque fois, la bête blessée jetait un jappement lamentable et la meute se refermait sur elle pour se disputer la victime à coups de dents. Lorsque Ayud constata qu'il lui restait seulement trois flèches, il cessa de tirer. Les fauves se couchèrent en cercle autour de l'arbre, le museau tendu vers leur proie inaccessible.

Épuisé, Ayud s'endormit dès que la nuit fut tombée. Les chiens étaient toujours là, s'ébrouant sous la neige qui n'avait cessé de tomber durant toute la nuit. Combien de temps allaient-ils rester ainsi à le guetter ? Plusieurs jours peut-être. Transi de froid, Ayud se pelotonna dans sa pelisse et attendit.

Le soleil était à la moitié de sa course quand une animation insolite se manifesta parmi les fauves. Ils tournaient en rond, aboyaient vers le Nord comme si quelque ennemi les menaçait. Soudain, un énorme molosse qui paraissait être le chef de la harde, prit sa course et fonça vers le Sud, suivi par tout le troupeau.

Avant de descendre de son perchoir, Ayud jeta un regard dans la direction Nord. Un groupe de chasseurs se dirigeait vers le bouquet d'arbres. Ayud reconnut des Hommes Jaunes à leur allure nonchalante et à leur manière de nouer les jambières. Ils étaient une dizaine, tous armés de sagaies et d'arcs.

Recroquevillé dans son nid de branche, Ayud les regarda s'avancer vers lui. Parvenu au niveau de l'arbre, l'un d'eux, un jeune chasseur aux épaules massives, aux longs cheveux noirs et bouclés, se détacha, tandis que les autres poursuivaient lentement leur chemin Il promena son regard sur les dépouilles des victimes dévorées la veille.

« S'il trouve les flèches, songea Ayud, le cœur serré, je suis perdu. »

Le jeune chasseur se baissa, ramassa une flèche, puis une autre. Une troisième enfin. Ayud retenait son souffle. Il n'ignorait pas que la mort l'attendait s'il était pris. Ainsi le voulaient les lois de la guerre. Le chasseur promena son regard dans les ramures du grand arbre, lança un appel vers ses compagnons qui se retournèrent et attendirent. Lorsqu'il les eut rejoints, un conciliabule s'engagea, qui dura quelques instants. « S'ils reviennent, c'est la fin ! » se dit Ayud. Que pourrait-il, seul contre dix ?

Les Hommes Jaunes passèrent leur chemin. Ayud, le visage couvert de sueur glacée, se laissa lentement glisser de l'autre côté du tronc.

Lorsque les Hommes Jaunes eurent disparu, il reprit son chemin.

Le seuil de la caverne était désert, mais Kuecô et Orka ne devaient pas être bien loin. Du moins Kuecô, car Nanouk et sa harde avaient abandonné leur soue en laissant leur puissante odeur derrière eux. Orka les avait accompagnés dans une de ces interminables promenades qu'il affectionnait.

Une mince fumée se dégageait du foyer recouvert de cendres fraîches. Il y avait encore du miel dans le caisson, et quelques tailles de viande fumée. Ayud s'enduisit le corps de graisse d'ours, se munit de quelques tiges de genévrier et s'enfonça dans l'ombre de la caverne.

— Toi ! dit Kuecô.

Il abandonna un grand mammouth qu'il était en train de tracer au plafond, arracha la tige de genévrier qui achevait de se consumer, piquée en terre, et s'avança.

— Je suis heureux de te revoir, dit-il. Tu es seul ?

— Je suis seul, répondit Ayud.

— Pourquoi Yawna ne t'a-t-elle pas suivi? Est-elle malade? Que lui est-il arrivé? Parle!

— Yawna est en bonne santé. Si elle ne m'a pas suivi c'est que sa présence n'était pas désirable. J'ai mission de te tuer et de rapporter ta tête au chef Deïwo. Je n'ai pas le choix, Kuecô. Cette épreuve m'a été imposée. D'ailleurs, n'avais-je pas fait le serment de te détruire?

Ayud montra son bras marqué d'une large cicatrice.

— C'est vrai, dit Kuecô avec un mince sourire, je suis témoin de ce serment et tu ne peux refuser d'accomplir une mission que te commande le chef de ta tribu.

Ayud gardait les yeux baissés, persuadé que la seule vue du bon gros visage de Kuecô, de ses yeux clairs, de son sourire, suffirait à le désarmer.

— Tu sembles embarrassé, dit Kuecô. Pourquoi? Tout est simple, pourtant. Il y a seulement trois hivers, j'aurais été à ta place que j'aurais agi de même. Pourquoi ne frappes-tu pas, là, tout de suite, avant qu'Orka ne revienne?

— Ce n'est ni simple, ni facile.

Ayud recula vivement. Une langue chaude venait de lécher la main pendante, celle qui tenait les sagaies. Il reconnut le vieil ours qu'il avait blessé le printemps précédent, alors qu'il se querellait avec Kuecô.

— Goûn! Mon vieux Goûn!

— Tu vois, il ne t'en veut pas, dit Kuecô. C'est un brave ours, un peu coléreux comme Awah, mais fidèle. Goûn va mourir car il est très vieux et très malade. Il ne verra pas le prochain printemps.

Kuecô promena sa main dans la rude toison laineuse et Goûn se recoucha en grognant.

— Viens, maintenant, dit-il en posant sa main sur l'épaule d'Ayud. Tu me raconteras comment vous vous êtes tirés de cette mauvaise affaire.

Lorsqu'ils parvinrent à l'entrée de la grotte, Kuecô savait tout du jugement de Toloo, de sa mort, du verdict des Anciens.

— Quelle idée saugrenue! s'exclama-t-il. Ces gens-là accordent bien de l'importance à ma tête. Seront-ils plus avancés lorsque ma chevelure prendra place dans la collection de cette brute imbécile qu'est Deïwo?

— Le jour baisse, dit Ayud en jetant une brassée de bois mort dans le foyer. Il faut te décider, Kuecô.

— Me décider?

— Vas-tu te laisser tuer? Vas-tu te défendre?

Kuecô s'accroupit en silence près du feu. Il présentait ses mains aux flammes, les passait ensuite sur ses membres et le long de son torse comme pour se laver des miasmes de la caverne. Il resta dans cette position un moment qu'Ayud jugea interminable, tout en souhaitant que son terme n'arrivât jamais. Au fur et à mesure que le temps passait, il se sentait de moins en moins le courage d'abattre froidement celui qui avait été son compagnon de solitude et qui lui avait sauvé la vie. Puis il essaya, pour se donner ce difficile courage, de songer à Bichoh, mais il ne pouvait parvenir à envelopper son souvenir de la moindre sympathie. Bichoh était fourbe et cruel. Ayud ne l'avait jamais aimé.

— Je suis prêt, dit enfin Kuecô en se redressant.

Son ombre se découpa, décuplée, sur les parois rouges de la caverne. Il paraissait avoir grandi. Sa poitrine s'était, semblait-il, dilatée comme s'il l'avait gonflée de colère.

— Je me battrai ! dit-il. Non pour te rendre la tâche plus facile, mais pour qu'on ne proclame pas que le fils de Kuecô était lâche comme un renne.

— A la bonne heure ! fit Ayud. Mais je savais déjà que tu n'étais pas un lâche.

Kuecô partit dans une bordée d'imprécations et Ayud lui répondit par des injures sonores. Cela faisait partie des préliminaires habituels. Ils se défièrent ainsi, de part et d'autre du foyer, jusqu'à sentir la colère et la haine les pénétrer.

— Bichoh sera vengé ! s'écria enfin Ayud en jetant une sagaie aux pieds de Kuecô. Défends-toi, larve puante !

— Bichoh est encore en vie ! répliqua Kuecô. Nous ne massacrons pas les hommes sans défense !

— Tu mens ! Il n'est pas dans vos habitudes d'épargner les prisonniers. Et je suis sûr que vous l'avez torturé, que vous avez mangé son cœur et son foie !

— Tu te trompes ! Mais je mangerai ton cœur et ton foie, et je me barbouillerai de ton sang, et j'irai voler ta sœur qui deviendra mon esclave !

Ayud bondit par-dessus les flammes, la sagaie en avant. La lame érafla la cuisse de Kuecô qui poussa un cri et recula précipitamment vers la paroi de la caverne. Il toucha la blessure d'où coulait un filet de sang et contempla sa main souillée, les yeux agrandis d'une douloureuse expression de surprise.

— Ton sang... murmura Ayud. Il y a longtemps que je voulais le voir couler !

— Je ne te donnerai pas longtemps ce plaisir! riposta l'Homme Jaune.

Il se plaqua contre la paroi comme pour prendre son élan, bondit vers Ayud qui l'attendait, à demi-accroupi, son arme, une extrémité en terre, pointée vers l'agresseur. Kuecô l'évita en la détournant d'un coup de manche. Heurté de plein fouet au visage par le fût de bois, Ayud roula dans le foyer et se redressa avec un gémissement de douleur, des brûlures légères par tout le corps. Il crut sa dernière heure venue. Désarmé — sa lance restée de l'autre côté du foyer — il n'eut que le temps de saisir un brandon enflammé et de le jeter en direction de Kuecô qui l'évita de justesse.

— Je pourrais te tuer, fils de Chaab! gronda Kuecô. Mais je répugne à frapper un guerrier désarmé. Reprends ton arme !

Ayud attrapa au vol la sagaie que Kuecô lui lançait, la fit sauter dans sa main pour assurer son équilibre, contourna lentement le foyer pour se retrouver face à face avec son adversaire. Ils échangèrent de nouveau quelques défis avant de se jeter l'un contre l'autre pour une joute précise et serrée, les manches de leurs armes se heurtant avec un bruit sec. Ayud ne tarda pas à se rendre compte qu'il avait affaire à forte partie. Kuecô paraissait se jouer de ses assauts. Moins puissant que lui, il était plus habile à détourner les coups. Il semblait même qu'il eût la volonté d'épargner à son adversaire un coup fatal. Ayud s'en rendit compte à diverses reprises et cette constatation l'irrita profondément. Les rôles étaient renversés. A la pensée que Kuecô voulait l'humilier, la rage lui monta à la gorge.

Une charge furieuse d'Ayud parvint à ébranler Kuecô. Il s'entrava dans son arme, recula en titubant jusqu'à la roche qu'il heurta avec violence.

A peine eut-il le temps de se reprendre, qu'Ayud était contre lui, la pointe de sa lance contre sa gorge. Immobilisé, Kuecô sentit la mort planer sur lui. Ayud poussc sa sagaie en avant et la chair craqua. Il regarda avea une ivresse mauvaise couler le sang de l'Homme Jaune. Loin d'en éprouver de la joie, c'est de dégoût qu'il se sentait envahi, au point qu'il faillit vomir. Son étreinte se relâcha, il recula, haletant, la poitrine gonflée d'orgueil.

— Reprends ton arme ! fit-il simplement.

Kuecô eut un sourire ironique.

— Stupide mais généreux ! dit-il. Tu le regretteras, fils de Chaab.

Ayud s'éloigna de quelques pas, mit un genou en terre, songea à Awah qui, dans la grotte des morts, se donnait à lui corps et âme. Il prit dans sa main le disque d'os, la précieuse amulette t se sentit de nouveau prêt à l'affrontement.

Le soleil se couchait au-dcssus des forêts, baignant d'une lumière de sang les nuages gorgés de neige. Le brame d'un saïga retentit dans la vallée. Orka n'allait plus tarder à revenir. Il fallait en finir rapidement.

Kuecô, toujours adossé à la paroi, reprenait lentement ses forces. Il paraissait chétif, vulnérable, et Ayud se dit que quelques assauts furieux devaient le réduire rapidement à merci.

— Défends-toi ! cria-t-il.

Kuecô saignait abondamment par ses deux blessures mais il paraissait n'avoir rien perdu de son assurance. Dans le choc qui suivit, il en donna la preuve à diverses reprises, prenant l'initiative des attaques, dardant son arme avec une précision remarquable, au point qu'Ayud devait concentrer toute son attention sur la pointe d'os sans cesse menaçante et se cantonner dans la défensive.

Il sembla soudain (Ayud le constata avec joie), que Kuecô atteignait les limites de sa résistance. Dans les mouvements rapides qu'il effectuait, les plaies se rouvraient et laissaient couler le sang d'abondance. Ayud le laissa se vider de sa force, inexorablement, l'obligeant à des offensives incessantes qui l'épuisaient.

Lorsque Kuecô, trébuchant sur une saillie de la roche, s'effondra, Ayud poussa un cri de triomphe. Kuecô allongé à terre, Ayud prit sa sagaie à deux mains et, de toutes ses forces, avec un râle profond, en darda la pointe dans le dos du blessé.

Ce n'est pas le corps de Kuecô que rencontra la pointe d'os, mais la roche nue où elle éclata en morceaux. D'un mouvement vif, Kuecô venait de rouler sur le côté. Ayud resta bouche bée, le fût de sa lance dans la main. Il l'abattit à toute volée sur la tête de Kuecô qui poussa un gémissement de bête. Mais l'Homme Jaune parvint à se redresser. Chancelant sur ses jambes écartées, il évita par de brusques reculs le manche de la sagaie qui passait en sifflant près de sa tête. Il parvint à le saisir et à maintenir ainsi Ayud à portée de sa lance. Il frappa et Ayud, blessé à la poitrine, juste au-dessus de l'amulette, recula dans l'ombre de la grotte.

— Je croyais que tu ne craignais pas la mort ! ironisa Kuecô. Cours te cacher si tu redoutes ma sagaie !

Fouetté au plus vif de son orgueil, Ayud cessa de reculer. Il ne distinguait de Kuecô qu'une silhouette grêle découpée contre les flammes.

— Avance ! dit Kuecô. Si tu n'as pas peur de la mort, avance !

Ayud regarda ses mains nues, sa poitrine où le sang commençait à ruisseler jusqu'à son pagne. La lance levée, Kuecô l'attendait. Dix pas environ les séparaient. Ayud avança, lentement, vers sa mort.

— Allons ! Allons ! murmurait Kuecô, d'une voix rauque. Tu ne peux plus m'échapper, à présent. Autant en finir tout de suite !

— Ne sois pas impatient ! répondit Ayud. Regarde : je n'ai pas peur. Mes mains ne tremblent pas, tandis que les tiennes, fils d'Helkô, frémissent comme celles d'une vieille femme. Tu as peur de me tuer ? Pourquoi ?

Ayud sourit. Les mains de Kuecô communiquaient leur tremblement à la hampe de la lance, tandis que son visage maculé de sueur et de sang grimaçait. De nouveau, les rôles étaient renversés. Kuecô avait pensé tenir Ayud en son pouvoir et c'est Ayud qui était le maître de la situation.

— Non, murmura Kuecô. Non, je ne peux pas !

Il se retourna brusquement, lança la sagaie de toute ses forces dans les ramures des châtaigniers qui bordaient l'entrée de la caverne et, le dos tourné à son adversaire, se laissa tomber sur les genoux en gémissant.

— A quoi bon continuer ! J'ai perdu l'habitude de tuer de sang-froid. Les guerriers du vieil Helkô riraient et m'insulteraient s'ils me voyaient. Qu'attends-tu, Ayud ? Frappe ! Prends ton poignard et frappe, frappe !

Ayud s'accroupit près de Kuecô, la main posée sur la blessure de sa poitrine pour arrêter le flux de sang.

— Non, dit-il. Tu ne mérites pas une telle mort. Tu t'es trop bien battu pour finir ainsi. Je ne m'attendais pas à une telle résistance de ta part. Mais je préfère qu'il en soit ainsi.

— Enfin, tu deviens raisonnable ! Il était temps que cesse ce duel absurde.

Ayud se releva vivement.

— T'ai-je dit que j'avais renoncé ?

— Quoi ? Tu désires continuer ?

— Ce n'est pas de gaieté de cœur, mais je le dois.

— Si c'est pour venger Bichoh, je te répète...

— Qu'il est vivant ? Je ne te crois pas ! Allons, prends ton poignard.

Il s'avança vers l'entrée, tendit l'oreille vers le fond de la vallée déjà noyé de brumes et de nuit. Un lointain barrissement retentit.

— Hâte-toi ! dit-il. Orka sera bientôt là.

Kuecô s'était relevé. Penché vers le foyer, il appliquait des poignées de cendre sur ses plaies qu'il avait cautérisées avec un brandon incandescent.

— Tu es pire que je ne pensais, dit-il. Tu te moques bien, au fond, que Bichoh soit vivant. Ta mission t'importe peu. Le combat t'a chauffé le sang et c'est la sottise et la cruauté des anciens hommes qui revivent en toi. Deïwo serait fier de toi mais le vieil Awah t'exécrerait.

Ayud se laissa pénétrer par les paroles de Kuecô, tâchant d'y démêler la part de la vérité et celle de l'erreur. Il secoua la tête d'un air obstiné :

— Non ! dit-il. Non, Kuecô ! Tu essaies de semer le trouble dans mon esprit. Mais je n'ai pas perdu la raison et si je me bats avec ardeur, c'est que je suis persuadé de venger l'honneur de ma tribu.

— Soit ! soupira Kuecô.

Il dénicha un poignard un peu ébréché qui servait à dépecer le menu gibier, but quelques lampées à la gourde qu'il tendit ensuite à Ayud.

Au-dehors, la neige commençait à voltiger dans l'air. Un nouveau barrissement retentit, plus proche.

— C'est Nanouk ! dit Kuecô.

Il parcourut l'étendue du crépuscule d'un œil morne, embrassa d'un coup d'œil une lointaine colline couverte de neige et fit face brusquement à Ayud.

Ce fut un combat rapide et brutal. Les lames fauchaient l'air avec un sifflement rapide. Les deux adversaires, devinant que le premier coup serait fatal, évitaient l'affrontement, préférant attendre le premier signe de défaillance pour frapper.

Kuecô paraissait très las. Il haletait. Son visage barbouillé de sang comme un masque de sorcier n'avait plus rien d'humain, sinon les yeux qui demeuraient vifs et scrutateurs. Ayud, par contre, malgré sa blessure, était encore dans la plénitude de sa force. Chaque fois que les adversaires se rencontraient, qu'ils s'arc-boutaient l'un contre l'autre, leurs armes mutuellement neutralisées, il parvenait à rejeter Kuecô contre la roche où ce dernier s'aplatissait avec un bruit mou.

Comme Ayud revenait respirer quelques gorgées d'air frais, il perçut à travers l'ombre, des dos de mammouths émergeant de la brume qui tapissait l'étroite vallée. Orka était de retour. D'ici quelques instants, il allait surgir et c'en serait fini de ce combat : il serait contraint de revenir les mains vides aux Grandes Falaises où tous se moqueraient du fils de Chaab. Il songea qu'il lui fallait, coûte que coûte, remporter une rapide victoire.

Il se rua vers Kuecô, l'attaqua avec une audace folle, parvint à planter son poignard entre le cou et l'épaule, tandis que Kuecô, rendu furieux par cette blessure profonde, lui labourait la poitrine de haut en bas.

Kuecô recula de lui-même vers la paroi, plié en deux, para miraculeusement deux coups terribles que lui portait Ayud et soudain, fléchissant les genoux, sentit une brume lourde et sonore descendre sur lui.

— Ayud, murmura-t-il. Ayud... Non !

Accroupi, il attendit le coup de grâce. Il leva les yeux, aperçut Ayud qui le regardait avec une expression de terreur. Inexplicablement, le sang s'était mis à jaillir en plusieurs points de la chevelure et à ruisseler sur le visage. Kuecô ne se souvenait pourtant pas l'avoir frappé à la tête. Ce fut bien autre chose quand il vit

Ayud lâcher son poignard comme s'il lui brûlait les doigts, se laisser tomber sur les genoux, tout contre lui, les deux mains sur ses épaules.

C'est alors, dans la lueur des flammes, que Kuecô aperçut Orka. L'Homme aux Mammouths tenait encore à la main l'énorme branche dont il avait frappé Ayud.

Kuecco se dégagea lentement, coucha Ayud sur le sol, chercha la place où battait le cœur pour y coller l'oreille.

— Orka, dit-il, tu l'as tué et Ayud était mon ami.

Le dernier combat

Un tonnerre de joie roula d'un bord à l'autre des Grandes Falaises. Les chasseurs revenaient de la Vallée des Mammouths, portant sur leurs épaules, charriant, sur leurs traîneaux d'écorce, d'énormes quartiers de viande de cheval. Ils sentaient une grosse odeur de boucherie qui, durant plusieurs jours, flotterait sur le village. Tous se gorgèrent de viande fraîche qui faisait oublier agréablement les venaisons boucanées dans lesquelles les vers commençaient à grouiller. La fête dura cinq jours pleins. Inlassablement, les chasseurs racontaient comment ils avaient traqué, avec le concours de plusieurs autres tribus alliées, l'immense troupeau descendant du nord. Ils étaient parvenus à le diriger dans une étroite vallée terminée par un cul-de-sac, et là, à coups de sagaies, de flèches, de haches et de poignards, ils en avaient fait un immense massacre, ne laissant en vie que les jeunes, mâles et femelles, afin de ne pas irriter les Puissances.

Ils étaient deux à ne pas participer à l'allégresse générale : Awah et Yawna.

Une semaine ayant passé depuis le départ d'Ayud, le vieux sorcier était descendu de la grotte des morts, tenant à peine sur ses jambes, malade autant de tristesse que de faim. Vainement, il avait tâché, par la pensée, de retrouver Ayud perdu dans les ténèbres du temps et de l'espace. Il lançait sa pensée comme un filet, mais le filet revenait vide. Pourtant, il gardait espoir : si Ayud avait succombé, il se serait bien trouvé en lui une fibre secrète pour vibrer et lui annoncer la mort de son jeune compagnon. Les pierres demeuraient muettes. Awah laissait s'y égarer de longues heures son regard qui ne ramenait rien que des reflets sans image.

— Il est sûrement arrivé malheur à ton frère, dit-il à Yawna. J'ignore s'il est vivant où mort, mais je sais que les Puissances n'étendent plus sa protection sur lui.

En compagnie de Yawna, il rendit visite au chef Deïwo qui ne sortait guère de son antre depuis la mort de Toloo.

— Laisse-nous partir dans la Montagne aux Ours. Il est arrivé malheur au fils de Chaab. Nous devons le retrouver. Nous savons où il se trouve.

Deïwo secoua la tête.

— Non ! Vous resterez ici car Ayud ne saurait tarder. Il doit être sur la piste de l'Homme Jaune. Attendons encore quelques jours. En temps voulu, nous partirons à sa recherche. L'hiver est bien avancé, mais nous avons un compte à régler avec les guerriers du vieil Helkô. Nous mènerons de front la recherche d'Ayud et la guerre contre les Hommes Jaunes.

La grande curée passée, Awah et Yawna revinrent à la charge. Deïwo serait prêt dans deux jours et cinquante hommes l'accompagneraient. En attendant, il serait bon que le vieil Awah parlât aux Puissances pour leur demander de protéger les hommes des Grandes Falaises contre leur pire ennemi !

Consciencieusement, Awah organisa la fête qui précédait toute expédition guerrière. Les crânes des An-

215

cêtres furent sortis de leurs niches et alignés sous un auvent de peau tendu par des perches de bois, pour les protéger de la neige qui commençait à tomber. Tout un jour et toute une nuit, dans le roulement du tambour ou le ronflement du rhombe sonore (une petite plaquette d'ivoire ciselé attachée à un tendon de renne que le sorcier faisait tourner au-dessus de sa tête), les hommes dansèrent et récitèrent à tour de rôle les invocations. On sacrifia un renne et Awah lut dans son foie, encore palpitant, proprement divisé en deux, des présages désastreux qu'il se garda bien de divulguer pour ne pas semer le trouble dans l'esprit des guerriers.

La horde quitta les Grandes Falaises par un matin de brume et de neige. Elle se divisa en trois groupes lorsqu'elle eut atteint la Vallée des Mammouths.

Il semblait, ce matin-là, que le soleil refusât de se lever.

⁂

Kuecô ouvrit péniblement ses yeux collés par la fièvre, promena un regard brumeux autour de lui. Le mouvement qu'il fit pour se tourner lui arracha un cri de douleur.

— Ne bouge pas, mon fils, dit Helkô. Tu vas mieux. Tu guériras vite. Dwenô est venu avec toutes ses médecines.

Le visage ridé, couleur d'ambre, de Helkô, celui, gras et jaune, de Dwenô, sourirent en même temps.

— Ayud... murmura Kuecô. Il est mort, n'est-ce pas ?

Helkô hocha la tête et jeta un regard de mépris derrière lui au corps allongé à même la terre, encore tout maculé de sang. Ses yeux ouverts paraissaient se perdre dans le ciel bas et lourd où passaient des vols de choucas.

— Il a cessé de nuire, dit Helkô.

— C'était mon ami, père.

— Nous n'avons pas d'amis chez les hommes de la Rivière Noire. Celui-ci était venu pour te tuer et c'est toi qui lui as donné la mort. Mon fils Kuecô est digne des plus valeureux guerriers de notre tribu.

Kuecô secoua la tête.

— Ce n'est pas moi qui l'ai tué, père. Alors qu'Ayud levait son poignard sur moi, Orka est intervenu et lui a brisé le crâne.

— Non, dit Helkô d'un air obstiné. C'est bien toi qui l'as tué.

Dwenô changea les pansements avec des gestes délicats de femme, poussant de petites exclamations joyeuses en constatant que les plaies ne risquaient plus de s'envenimer.

Kuecô demanda des nouvelles d'Orka. Il était parti avec ses mammouths dans la montagne où il errait sans fin. Il retournait parfois à l'abri, se penchait sur Kuecô, puis sur Ayud et repartait sans mot dire, comme si aucun être au monde n'existât que ces deux là.

Le quatrième jour après le combat, Kuecô parvint à se lever. Un jeune chasseur avait attrapé, sur l'ordre de Dwenô, une femelle de renne. Kuecô, malgré le dégoût que ce breuvage fade et tiède lui inspirait, dut avaler quelques gorgées de lait plusieurs fois par jour. Il dut convenir que ce remède lui faisait le plus grand bien.

Son premier soin, à peine levé, fut de faire creuser une tombe dans l'abri, non loin de l'entrée de la caverne, à un endroit où la lumière du jour arrivait à peine. On y coucha le jeune guerrier, les jambes repliées dans l'attitude du sommeil, le corps enduit de la tête aux pieds d'une teinture d'ocre rouge qui perpétuerait son existence charnelle dans l'au-delà. On posa de lourdes pierres plates sur la tête et sur la poitrine afin que l'esprit du mort ne puisse s'échapper et venir troubler le sommeil des vivants. Kuecô resta une demi-journée prostré dans la pénombre de l'abri. Assis près de la sépulture, la tête bourdonnante de souvenirs, il se répétait qu'Ayud, malgré certaines apparences, avait été pour lui un bon compagnon, qu'il n'avait pas voulu cette mort absurde. Il en appela aux Puissances pour que son âme erre en paix avec celle de Chaab dans les territoires de chasse que l'on voit parfois émerger dans le lointain, par les crépuscules d'été, pareils à d'étranges montagnes violettes.

Complètement rétabli par les soins de Dwenô, Kuecô s'apprêtait à revenir à ses peintures et au mammouth qu'il n'avait pas eu le temps d'achever, lorsqu'un guerrier posté aux alentours du territoire des Grandes Falaises accourut avec une nouvelle alarmante : les hommes de Deïwo avaient quitté leurs abris et se dirigeaient à travers la Montagne aux Ours vers la caverne d'Orka. Helkô rassembla, à quelque distance de la grotte, sur le plateau dominant l'étroite vallée, les trente hommes qui l'avaient accompagné. Il n'était pas question de se dérober si la tribu des Grandes Falaises voulait la guerre. Les Hommes Jaunes étaient moins nombreux mais leur valeur et leur courage compenseraient cette infériorité. Cependant, lui, Helkô, se refusait à croire que cette guerre revenant chaque hiver entre les deux peuplades, fût une malédiction inéluctable. Le moment était venu, puisque les Esprits avaient noué des liens entre les membres des deux tribus, de refuser la fatalité et de proposer une paix durable.

Les hommes murmurèrent. En s'opposant à la guerre, Helkô ne prenait-il pas le contre-pied des Esprits ? N'avait-il pas proclamé à chaque occasion que ces conflits relevaient de la volonté inéluctable des Esprits et que renoncer à les satisfaire ce serait les offenser gravement ?

218

— Mon fils Kuecô, répondit le vieux chef sans se démonter, a parlé aux Esprits et les Esprits lui ont dit : cette guerre a assez duré, il appartient aux Hommes Jaunes de la faire cesser !

« Les Esprits ont simplement réclamé le sacrifice d'un homme de la tribu ennemie. C'est chose faite. Le jeune guerrier s'est porté lui-même au-devant de la mort.

« Que ces mensonges me brûlent les lèvres, murmura Helkô en se tournant vers son fils.

— Les Esprits ne t'en voudront pas dit Kuecô. On n'est jamais puni lorsqu'on a le désir profond de préserver la vie des siens.

Le regard de Kuecô parcourut les trente visages disparaissant à demi sous la coiffe de fourrure et dont certains marquaient une franche réprobation. Ils n'étaient ni pires ni meilleurs que les hommes des Grandes Falaises. On leur avait inculqué dès leur plus jeune âge la haine de ces hommes à la peau claire, au torse élancé, qui vivaient derrière la Montagne aux Ours, et cette haine s'était installée en eux à l'égal d'un culte. L'extirper de leur personne équivalait à leur arracher un membre. Comment pourraient-ils continuer à vivre si, chaque hiver, ils ne trouvaient pas à exercer leur ruse, leur force, leur adresse, leur courage, contre d'autres hommes ? Ils avaient tous eu quelque proche parent ou quelque lointain ancêtre tué de la main des hommes des Grandes Falaises. Tous, plus ou moins, étaient prisonniers d'un âpre désir de vengeance.

L'un d'eux, un guerrier trapu au visage couturé de cicatrices pour s'être battu jadis contre un ours, s'avança vers Helkô.

— Chef Helkô, dit-il, nous te vénérons. Mais ne nous demande pas de renoncer à venger nos morts. Les Esprits se détourneraient de nous.

— Qui parle de renoncer ? répliqua Kuecô. Mon père vous demande simplement de ne pas lancer la première sagaie. Si Deïwo se refuse à nous écouter, alors ce sera de nouveau la guerre. Sinon, nous nous plierons à la volonté des Esprits et ce sera la paix.

— Et tu comptes obtenir la paix par de belles paroles, chef Helkô ? Tu oublies que pour Deïwo la seule loi est celle de la violence.

— Tu oublies à ton tour que nous avons un otage ! Cet homme roux, que nous avons capturé et que je n'ai pas consenti à sacrifier. Un refus de Deïwo entraînerait sa mort.

— Bichoh ? Tu n'auras pas le temps de l'envoyer chercher.

Helkô sortit un sifflet d'os de sa pelisse, en tira un son striduleux. Deux hommes jaillirent d'un fourré de genévriers, poussant devant eux, de la pointe de leur sagaie, le grand homme aux cheveux rouges.

— Il est là, dit Helkô. Il ne nous reste plus qu'à attendre.

❉

Awah leva les bras et se tourna vers Deïwo.

— Tu vois cet abri, là-haut ? C'est là que nous avons trouvé refuge. La caverne d'Orka est plus loin, vers le levant.

Le groupe d'une vingtaine d'hommes dont Deïwo avait pris la tête poussa jusqu'à l'abri pour s'y reposer et se restaurer. Le lieu de rassemblement était tout proche et les deux autres groupes, conduits par Serkoh et par Barath, ce dernier aidé dans sa progression par Yawna, étaient assez loin derrière.

— C'est curieux, dit Deïwo. Nous n'avons pas trouvé la moindre trace des Hommes Jaunes.

— Peut-être ont-ils renoncé à se battre, répondit Awah. Kuecô est bien capable de les avoir persuadés de déposer les armes.

— Dans ce cas, ajouta Deïwo, nous les massacrerions jusqu'au dernier. Cette race honnie n'a plus sa place sur terre.

Awah baissa la tête.

— Tu commettrais une profonde erreur, chef Deïwo. Si leur désir de paix était sincère, tu n'aurais pas le droit de le décourager ou d'en profiter.

— Tu déraisonnes ! Souviens-toi des paroles de Sanah, l'aveugle. En des temps très anciens, une tribu de la Rivière Noire avait décidé de ne plus se lancer dans des expéditions guerrières contre les hommes des Marécages. Au bout de trois générations, les guerriers avaient perdu jusqu'au souvenir des combats et n'étaient aptes qu'à tuer des rennes. Les hommes des Marécages ont pris les armes et les ont exterminés en une seule campagne. Non, Awah ! la guerre est aussi indispensable à l'homme que la chasse. Refuser de faire la guerre à d'autres hommes, c'est se condamner soi-même à mourir.

— Un jour viendra...

— Cesse de faire des songes creux ! Tu ne verras jamais ce jour, et les enfants de nos enfants ne le verront pas non plus !

Lorsque la troupe reprit son chemin, le temps s'était levé et un soleil éblouissant rayonnait sur la neige recouvrant les collines d'une mince couche qui ne nécessitait pas l'emploi des raquettes.

Les groupes de Berkoh et de Sarath se trouvèrent à l'endroit convenu, à l'heure dite.

C'était une sorte de vaste cuvette où, par endroits, affleurait une terre jaune truffée de rognons de silex. Les forêts clairsemées qui la bordaient au nord l'abritaient des vents froids. Quelques jours avant, une harde de bœufs musqués y avait trouvé refuge. La terre était bouleversée sur une vaste surface et, par endroits, les bêtes avaient laissé leurs fumées en tas imposants à peine recouverts par la neige.

Yawna connaissait bien cet endroit pour y être passée à maintes reprises, assise dans les jarres de Nanouk, en compagnie d'Orka, de Kuecô et d'Ayud, par les belles journées de printemps. Deïwo lui montra un pan de neige vierge.

— Montre-nous maintenant où est la caverne de l'Homme aux Mammouths.

Yawna dessina, de la pointe d'un bâton, en s'aidant de ses souvenirs, un plan approximatif des lieux. Elle indiqua ensuite les différents points à Deïwo, à Barath et à Serkô.

— Là, c'est le lieu de rassemblement des mammouths d'Orka. Leur soue est à cet endroit précis. La caverne se trouve juste au-dessus. Si vous décidez d'y pénétrer, prenez garde : elle est peuplée d'ours, une centaine au moins, qui n'aiment pas être dérangés dans leur hivernage.

— Nous attendrons demain, fit Deïwo.

— Notre avis, dit Serkoh, est que nous allions tout de suite à la découverte d'Ayud. Une dizaine d'hommes suffiront. Nous emmènerons Yawna avec nous

Deïwo réfléchit.

— C'est juste, dit-il. Nous vous attendrons ici.

❖

Helkô écarta les branches du mélèze. Les éclaireurs avaient dit vrai. Au nombre d'une cinquantaine au moins, les hommes des Grandes Falaises s'étaient rassemblés dans la cuvette et paraissaient se concerter avant de repartir.

Huecô s'était avancé à son tour. Il ne tarda pas à reconnaître Yawna. Accroupie, elle paraissait tracer des signes dans la neige. Awah se tenait près d'elle, ainsi que le chef Deïwo, reconnaissable à sa taille impressionnante.

— Cette fille, dit Helkô, c'est Yawna, n'est-ce pas?

— C'est elle, père.

Le vieil Helkô hocha la tête en souriant.

— En d'autres temps, soupira-t-il, je t'aurais renié, je t'aurais interdit de reparaître devant moi. Mais aujourd'hui, je suis prêt à t'accueillir dans mon abri, ta main dans celle de cette fille.

Yawna s'était relevée. Deïwo semblait s'occuper à choisir quelques hommes dans sa troupe.

— Ils vont certainement envoyer un détachement vers la grotte aux ours à la recherche d'Ayud, dit Kuecô. C'est le moment, père !

Helkô sortit son petit sifflet d'os et le porta à ses lèvres. Au signal, les trente hommes qui composaient sa troupe sortirent ensemble de la forêt et, lentement, descendirent vers les hommes des Grandes Falaises. Un groupe serré entourait Bichoh qui demeurait invisible, à quelques pas derrière.

Les Hommes Jaunes s'arrêtèrent à une centaine de pas de leurs ennemis et formèrent une haie, tandis que le vieil Helkô s'avançait seul vers Deïwo, avec un tranquille courage, les bras levés en signe de paix.

Parvenu à dix coudées, Helkô s'arrêta et, tenant son bâton de commandement en travers sur la poitrine, s'inclina sèchement.

— Salut à toi, chef Deïwo ! Salut à toi, Awah ! Salut à vous, hommes des Grandes Falaises. Je suis Helkô, chef des Hommes Jaunes, et ces gens sont mes guerriers.

— Salut à toi ! grogna Deïwo, la tête à demi détournée. Tu peux approcher sans crainte.

Ces paroles rituelles détendirent l'atmosphère. Les sagaies s'abaissèrent d'elles-mêmes et les cinquante hommes de Deïwo s'accroupirent pour manifester leurs intentions pacifiques.

Helkô abrégea encore la distance qui le séparait de

223

Deïwo. Les deux chefs se toisèrent d'un regard hautain.

— Parle ! dit Deïwo.

— Je viens te proposer la paix, répondit Helkô. Un sourire ironique plissa les lèvres de Deïwo.

— Me ferais-tu cette offre si tu disposais d'une horde de cent guerriers ? Quelles raisons te poussent à demander la paix ?

Helkô constata que cette question le mettait dans l'embarras. D'une voix hésitante, il parla de la volonté profonde des Esprits, des liens qu'ils avaient noués entre son fils, Kueco, et les deux fugitifs des Grandes Falaises. Il fallait être aveugle pour ne pas voir là le signe d'une volonté de paix. Tandis que parlait Helkô, Deïwo promenait un regard sombre du chef à son fils, ce Kuecô qui avait si maladroitement cherché à le duper en se faisant passer pour un mangeur de coquillages. Cette fois encore, il était sûr que l'on cherchait à l'abuser. Quel nouveau forfait ce vieux renard de Helkô cherchait-il à envelopper si soigneusement ? Deïwo posa la question qui lui brûlait les lèvres et que Helkô redoutait :

— Tu parles de ton fils, Kuecô, comme s'il vivait encore. Ignores-tu que le fils de Chaab, Ayud, l'a tué il y a quelques jours ? N'as-tu pas, toi-même, rencontré Ayud ?

Helkô sentit la terre se dérober sous lui. L'idée lui vint de mentir. Les paroles qu'il avait préparées se refusaient à passer ses lèvres. Il dit, les yeux baissés :

— Ayud est venu. Il a provoqué Kuecô et ils se sont battus loyalement. Ayud est mort. Nous lui avons donné une sépulture à l'entrée de la caverne aux ours.

Yawna s'était jetée en avant.

— Tu mens ! s'écria-t-elle. Kuecô n'a pas pu tuer Ayud. Il ne sait pas se servir d'une arme.

— Erreur ! répondit Helkô. Il refusait de s'en servir

pour tuer d'autres hommes. Mais ton frère l'a poussé à bout.

— Je ne te crois pas !

Pour toute réponse, le vieillard écarta sa pelisse, dénudant une poitrine maigre et boucanée, couverte de poils gris. Le disque d'os dont Awah avait fait présent à Ayud pendait entre les deux pectoraux.

— Reconnais-tu ceci ?

Awah s'était avancé vers le chef. C'était bien son amulette. Il la reconnaissait parfaitement et pouvait en lire tous les signes. Il retourna tristement vers Yawna, la prit contre sa poitrine.

— Cet homme dit vrai, Ayud est mort.

Les guerriers échangèrent des regards perplexes. Un profond murmure s'éleva de la horde.

— Si cette preuve ne vous suffit pas, s'écria Helkô, je puis envoyer chercher la tête du vaincu !

— C'en est trop ! gronda Deïwo, tourné vers ses hommes. Helkô vient nous proposer la paix, les mains souillées du sang de Bichoh et d'Ayud. Quelle réponse mérite-t-il ?

Ce ne fut qu'un cri :

— La guerre ! Nous vengerons Bichoh et Ayud !

Trente sagaies se dressèrent en même temps contre Helkô. Le vieux chef recula d'un pas, les mains levées.

— Attendez ! s'écria-t-il. Bichoh est vivant !

Sur un aigre coup de sifflet, le rang des guerriers jaunes s'ouvrit et Bichoh apparut. Il eut un élan vers la horde de la Rivière Noire, d'où montait une immense clameur de surprise et de joie. Deux sagaies se croisèrent devant lui.

— Alors ! dit Helkô d'une voix triomphante. Est-ce la paix ou est-ce la guerre ? Réponds, chef Deïwo !

— Je suppose, répondit Deïwo, que si j'optais pour la guerre, Bichoh serait la première victime ?

Helkô eut un sourire ironique.

— Le chef des Grandes Falaises a l'esprit subtil.

Deïwo serra dans son poing la hampe rouge de sa sagaie. S'il n'avait écouté que l'impulsion profonde qui grondait en lui, il eût abattu Helkô le rusé, mais c'eût été décider du sacrifice de Bichoh. Or, Bichoh, depuis qu'il avait mystérieusement disparu, s'auréolait de prestige. On croyait à sa mort sans en être certain. Il faisait figure de héros sans que l'on sût au juste pourquoi. L'abandonner à son sort, c'était comme le tuer une seconde fois.

Le frère de Balgah, épouse de Bichoh, intervint :

— Retiens ta sagaie, chef Deïwo, et accepte la paix! Si nous refusions, nous tuerions nous-mêmes notre propre frère.

Deïwo fronça le sourcil.

— J'accepte ! dit-il.

*
* *

Le soleil commençait à décliner dans le ciel lorsque les dix guerriers des Grandes Falaises et ceux, en nombre égal, du chef Helkô, se furent mis d'accord. De part et d'autre, des promesses et des cadeaux furent échangés. Deïwo et Helkô mêlèrent leur sang.

— J'ai une autre faveur à te demander, dit Helkô. Tu n'ignores pas les liens qui unissent mon fils à la fille de Chaab. Accorde-leur la grâce de vivre ensemble et de fonder une famille. Et que cette union soit entre nous un gage de paix durable !

Deïwo fit la grimace. Il n'ignorait certes pas l'amitié qui était née entre Yawna et Kuecô, mais il se hérissa à la pensée de voir cette amitié se conclure par une union.

— Je doute, dit-il, après ce qui s'est passé, que Yawna accepte d'épouser Kuecô.

— Elle acceptera ! dit Helkô.

Il se leva, frotta de terre la cicatrice d'où avait coulé le sang rituel.

— Maintenant, dit-il, je vais te rendre Bichoh.

Il fit un signe et Bichoh, le visage rayonnant dans sa barbe de feu, s'avança, les mains déliées, d'abord lentement, comme s'il craignait une supercherie, puis plus vite. Cinquante paires de bras se tendirent vers lui, cinquante paires de mains voulurent le toucher comme pour s'assurer de sa réalité. La horde joyeuse se referma sur lui.

— Maintenant, dit Helkô, que les Esprits de nos Ancêtres et des tiens vivent en paix comme nous-mêmes.

Deïwo répondit d'un geste vague à son salut.

Soudain, alors que le vieux chef s'éloignait en lui tournant le dos, il arracha sa sagaie plantée en terre et, d'un mouvement vif et précis, la lui planta dans le dos.

La stupeur figea les deux hordes. Au silence dur comme une pierre succéda dans les rangs des Hommes Jaunes un profond tumulte. D'un seul mouvement, les trente guerriers d'Helkô s'avancèrent, la sagaie en avant, vers les hommes de Deïwo.

Du côté des hommes des Grandes Falaises, c'était une confusion indescriptible. Serkoh, le visage flambant de colère, s'était retourné vers le chef et l'apostrophait violemment.

— Es-tu naïf, lui répondit Deïwo, au point de croire à toutes ces simagrées? Fallait-il laisser impunie la mort du fils de Chaab? D'ailleurs, il n'est plus temps de tergiverser! Ordonne à tes hommes de faire front à ces larves. Nous allons les exterminer !

Les hommes des Grandes Falaises reculèrent précipitamment afin de se réorganiser. Ils n'avaient, pas plus que ceux d'en face, l'habitude des batailles rangées. Les embuscades opposaient rarement plus de vingt hommes au total et se soldaient tout au plus par deux ou trois morts. Cette bataille-ci promettait d'être particulièrement meurtrière.

Alors que Deïwo s'apprêtait à donner le signal d'une contre-attaque générale, Barath poussa un cri :

— Les mammouths !

Deïwo tourna la tête dans la direction indiquée et ce qu'il vit lui glaça le sang. Une dizaine de mammouths menés par un chef d'une taille prodigieuse s'avançaient, débordant le flanc ouest de la cuvette, dans un grondement d'orage. Derrière eux, le ciel rayonnait intensément, projetant des faisceaux de rayons dans le ventre des nuées gorgées de neige. Kuecô, ayant reconnu Nanouk monté par Orka, petite tache claire émergeant du garrot, s'était porté à l'avant des Hommes Jaunes et signalait sa présence par des signes, tandis que les guerriers se regroupaient derrière lui. Sur le bord opposé de la cuvette, un sursaut de courage avait succédé au vent de panique qui avait soufflé sur la horde. Barath, Serkoh et quelques autres s'étaient détachés du groupe pour s'avancer avec l'audace du désespoir à quelques pas des mastodontes. Ils parvinrent à planter quelques sagaies dans le flanc de Nanouk qui, rendu furieux par cette intense odeur d'hommes et par les blessures reçues, balaya de quelques coups de trompe les fourmis humaines qui s'acharnaient contre lui et les écrasa avec un barrissement épouvantable.

— Nous sommes perdus, gémit Awah.

— Non ! répliqua Yawna. Regarde!

Lorsque Nanouk et Behemoh qui le suivait à une dizaine de coudées eurent piétiné la poignée d'audacieux jusqu'à ce qu'il ne restât d'eux qu'une tache rouge dans la neige, ils s'arrêtèrent. Nanouk tourna en rond sur lui-même, arrachant les épines qui s'étaient accrochées à ses flancs et qui l'irritaient plus qu'elles ne le faisaient souffrir. Toute la harde, sur un ordre lancé par Orka d'une voix gutturale, s'immobilisa, frémissant d'inquiétude à respirer le remugle d'humanité qui flottait à ras de terre.

— Tenez-vous à distance ! s'écria Kuecô. Et que personne ne bouge !

Il fit un signe et la trompe de Nanouk vint le cueillir pour le déposer auprès d'Orka. Un murmure de stupeur courut de part et d'autre des deux camps. Tentés de fuir, les hommes d'Helkô comme ceux de Deïwo restaient figés sur place, les yeux rivés sur le spectacle prodigieux qui se présentait à eux. Un homme avait fait alliance avec les mammouths et cet homme n'était ni un géant ni un sorcier. Le monde était plein de choses étranges.

— Si tu n'étais pas intervenu, dit Kuecô, tous ceux de notre tribu auraient été massacrés ou emmenés en captivité.

Orka expliqua qu'il se tenait depuis le début des pourparlers en observation sur le bord ouest de la cuvette, prêt à intervenir. Il n'avait rien perdu de l'assassinat de Helkô et de la panique qui avait suivi. Il était alors remonté sur l'échine de Nanouk et avait chargé.

Il suivit d'un œil noyé de tristesse le cadavre du vieux chef que des guerriers transportaient à l'écart sur leurs sagaies entrecroisées. Il soupira et ajouta simplement :

— Moi, venger Helkô !

— Non, dit Kuecô. Que pourrais-tu faire ? Écraser toute la horde des Grandes Falaises ?

Orka secoua la tête et désigna Deïwo. C'est contre lui qu'il désirait se battre, et contre lui seul.

— Mais tu n'as pas d'arme. Tu ne saurais d'ailleurs pas t'en servir. Et même si Deïwo n'avait pas d'arme, tu ne pourrais le vaincre.

— Je l'abattrai ! dit Orka d'une voix grondante de colère. Va le lui dire !

Kuecô redescendit à contrecœur, s'arma par précaution d'une sagaie et s'avança vers les hommes des Grandes Falaises. Au fur et à mesure qu'il approchait de Deïwo, il sentait la colère gronder en lui et se demandait s'il pourrait retenir la sagaie dont la hampe lui brûlait les doigts. Il n'avait jamais eu de sympathie pour Deïwo. Depuis l'instant où il l'avait vu abattre son père, l'antipathie que Deïwo lui inspirait s'était transformée en haine farouche et, ce sentiment dont il se méfiait d'ordinaire, il l'accueillait avec une sombre ivresse.

— Chef Deïwo, dit-il, les Esprits me sont témoins que je ne suis habité, d'ordinaire, ni par la haine, ni par la violence. Mais ton acte a dépassé les bornes de la sottise et de la lâcheté.

Deïwo toisa l'Homme Jaune.

— J'ai écrasé Helkô comme un serpent après avoir feint de croire à ses bonnes intentions. Si je ne l'avais pas fait, il aurait de nouveau cherché à mordre.

Kuecô serra les poings, le visage inondé d'une sueur de colère.

— Deïwo, tu es à notre merci. Il suffirait d'un signe d'Orka pour que ses mammouths se ruent vers tes hommes et en fassent un lac de sang. Mais Orka, comme moi, a le respect de la vie humaine. Pour un chef sot, cruel et lâche, combien de guerriers valeureux périraient, qui ne demandent qu'à déposer les armes?

— Le respect de la vie humaine ? gronda Deïwo. Comment peux-tu y prétendre, toi qui as tué Ayud?

— Je n'ai pas tué Ayud ! s'écria Kuecô. Nous étions engagés dans un combat sans merci, et c'est lui qui m'aurait tué si Orka n'était survenu et ne lui avait brisé le crâne.

Le regard implorant, Kuecô se tourna vers Yawna.

— Je te demande de me croire, dit-il. Tu me connais. Tu sais que je suis incapable d'une ruse ou d'un mensonge. Si j'avais tué ton frère, je n'hésiterais pas à m'en accuser. Mais si je m'en accusais, je mentirais.

— Je te crois, dit Yawna. Et je dis : seuls sont responsables de la mort d'Ayud ceux qui l'ont envoyé vers toi.

Elle s'avança vers Kuecô, lui prit la main. Kuecô sentit une joie profonde gonfler sa poitrine.

— La fille de Chaab va-t-elle trahir les siens? s'écria Deïwo.

Awah s'était avancé à son tour. Il se plaça près de Kuecô.

— Nous ne trahissons pas notre tribu, dit-il. Mais, tant que tu vivras, chef Deïwo, nous ne reviendrons pas aux Grandes Falaises !

Deïwo fit d'un geste cesser le tumulte qui montait de sa horde.

— Kuecô, dit-il, nous allons nous battre. C'est le seul moyen de résoudre ce conflit.

Kuecô secoua la tête.

— Je te l'aurais moi-même proposé, dit-il, si Orka n'avait insisté pour prendre ma place. Depuis qu'il a tué Ayud, il fuit toute présence humaine comme s'il avait honte de son geste. Mais il t'a vu tuer Helkô et il n'aura pas l'esprit en paix tant que tu ne seras pas étendu mort à ses pieds. Prends garde! Orka t'affrontera sans arme, mais il est doué d'une grande puissance et les Esprits le protègent.

Deïwo cracha à terre.

— Je ne crains pas Orka! proclama-t-il, et une bonne sagaie vaut bien la protection des Esprits de ta tribu. Va lui dire que je l'attends!

⁎

Orka avait conduit sa harde de mammouths à l'écart, sur le flanc sud de la cuvette. Une fois à terre, il serra dans ses bras la trompe de Nanouk, tandis que les vastes oreilles de la bête palpitaient et qu'un doux barrissement sortait de sa gorge. Orka parlait à Nanouk et Nanouk lui répondait. Il parla également à Behemo et aux autres mastodontes, s'éloigna de quelques pas, lança un ordre et les bêtes, à contrecœur, en balançant leur trompe, s'éloignèrent vers la lisière de la forêt.

Lorsque les mammouths se furent fondus dans l'épaisseur végétale, Orka se retourna vers les hommes.

Dans le crépuscule glacé, les deux tribus s'étaient postées face à face, en demi-cercle, laissant entre elles suffisamment d'espace pour permettre l'évolution des deux adversaires. Elles devinaient confusément que ce dernier combat, quelle qu'en soit l'issue, marquerait d'une trace profonde l'histoire des deux peuplades et que, durant des générations, les conteurs en tireraient de beaux effets d'éloquence héroïque.

Le ciel flambait d'une haute flamme rouge lorsque Orka, bondissant au milieu du cercle des guerriers, se trouva face à face avec Deïwo. Il s'était débarrassé de sa pelisse et apparaissait vêtu seulement d'un pagne de cuir qui moulait étroitement ses reins musclés. Moins haut de taille que Deïwo, d'une puissance apparemment bien inférieure, il était d'une beauté impressionnante : un fuseau de chair basanée, épanoui en muscles harmonieux, un visage large enveloppé d'une épaisse toison brune et que dévoraient les yeux immenses et glauques. Il paraissait très sûr de lui. Yawna, par contre, tremblait de tous ses membres en se blottissant contre Kuecô qui lui avait entouré l'épaule de son bras.

— Deïwo va tuer Orka, gémissait-elle. Il ne peut en être autrement. Ils sont de force trop inégale et, de plus, Deïwo est armé.

— Tu te trompes, dit Kuecô. Orka est plus fort que Deïwo. Infiniment plus fort parce qu'il sait qu'il mène le bon combat, qu'il doit réparer la mort d'Ayud et venger celle de mon père. D'ailleurs, les Esprits sont avec lui. Il suffit de le regarder pour le comprendre.

A son tour, Deïwo venait de quitter sa pelisse. Un murmure de stupeur parcourut les rangs des Hommes Jaunes. Deïwo apparaissait comme l'émanation d'un songe effrayant. Tout en lui trahissait une puissance incomparable. Mais, alors que la beauté d'Orka fascinait, la puissance de son adversaire ne suscitait que répulsion. Kuecô lui-même parut ébranlé et se mordit les lèvres.

Un genou en terre, Deïwo parut se recueillir et, durant quelques instants, sonder le royaume des Puissances à travers la neige piétinée. Puis il releva la tête et se laissa pénétrer par les flammes qui jaillissaient des lointains du crépuscule. Son regard se reporta sur les guerriers morts, étendus, méconnaissables, à quelque distance. Il en montait, dans l'air immobile et glacé, une écœurante buée.

— Es-tu prêt ? demanda Deïwo en se levant.

Orka fit un signe affirmatif. Deïwo toucha de sa main libre les amulettes de pierre et de bois qui constellaient son pagne de cuir rouge.

Puis il bondit vers Orka.

La disparité des forces apparut de manière éclatante, à peine le combat était-il engagé. En face de lui, Deïwo ne trouvait rien, rien qu'une ombre vive et dansante qui paraissait le narguer. A chaque assaut qui le jetait vers l'Homme aux Mammouths, la sagaie en avant, il se retrouvait avec le même espace de neige entre eux. Lancer sa sagaie ? Il était extrêmement adroit dans cet exercice mais se refusait à le mettre en pratique. Si, son coup manqué, il se retrouvait les mains nues devant un adversaire plus agile, l'équilibre des forces serait renversé. Il songea que l'Homme aux Mammouths cherchait à lui faire perdre à la fois sa patience et son souffle. Aussi, sagement, s'attacha-t-il à ménager ses assauts, persuadé qu'il était de sa victoire.

Le combat devint monotone. Les mêmes phases se répétaient interminablement dans la lumière rasante du crépuscule. « Lorsque la nuit sera tombée, se dit Deïwo, Orka sera à ma merci. »

Le premier sang, c'est pourtant Deïwo qui le versa. A la suite d'un assaut qui avait mis Orka à deux doigts de la terrible sagaie de pierre, Deïwo, emporté par son élan avait buté dans un ancien nid de lagopède et s'était affalé dans la neige, son hurlement de triomphe arrêté net au fond de sa gorge. Avant qu'il ait eu le temps de se relever, Orka saisissait une pierre et l'envoyait à toute volée contre Deïwo. Le projectile érafla l'épaule, ricocha rudement contre la nuque avec un bruit sourd. Deïwo gémit, se retourna d'un mouvement prompt, le visage empreint d'une douloureuse expression de surprise qui fit très vite place à la fureur. Il passa sa main sur sa nuque, la ramena gluante de sang. L'instant d'après une deuxième pierre, grosse comme le poing, l'atteignit au thorax. Il chancela, tourna des yeux hagards vers les groupes de guerriers d'où montaient des clameurs de joie et des lamentations.

Orka se baissait pour ramasser une troisième pierre, lorsque Deïwo, avec la soudaineté de l'éclair, lança sa sagaie. L'arme partit avec un feulement rauque et se planta dans l'avant-bras de l'Homme aux Mammouths. Orka n'eut que le temps de pousser un cri. Accompagnant la trajectoire, Deïwo se jeta sur lui, l'écrasa de tout son poids, lui serrant la gorge de ses mains énormes.

— C'est fini ! dit Yawna en se voilant les yeux. Je savais bien qu'Orka ne tiendrait pas longtemps.

D'un même élan, les deux rangées des guerriers s'étaient rapprochées du point où se tenaient les deux adversaires. Kuecô et quelques autres les forcèrent à revenir à leur place.

Il semblait que le combat eût atteint son ultime phase. Les secondes passaient dans un silence de pierre. On ne distinguait dans la pénombre que le corps de Deïwo pesant de tout son poids contre Orka. Immobile, le chef de la Rivière Noire paraissait, à chaque poussée de ses reins, enfoncer son adversaire dans la terre.

— C'est fini, murmura Yawna.

— Non ! s'écria Kuecô.

Deïwo venait de se redresser avec un grognement de douleur. Il bascula sur le côté, ses deux mains à son flanc. Lentement, Orka était parvenu à dégager sa main droite, à saisir l'arme et à la plonger dans le côté de son adversaire. Mais il avait si peu d'élan que la lame n'avait pénétré qu'à une faible profondeur, faisant simplement éclater les tissus.

Libéré de l'étreinte du colosse, Orka n'eut rien de plus pressé que de briser la sagaie sur son genou, d'un coup sec et d'envoyer au loin les morceaux. Son geste fut accueilli par un murmure de stupéfaction. Il recula ensuite, plié en deux, pour reprendre son souffle.

Lorsque Deïwo constata que son arme avait disparu, sa rage parut extrême. Il ne lui restait qu'un poignard, plus approprié à la parade qu'au combat, bien qu'il eût pu facilement tuer un homme. Il le dégaina, s'avança en boitillant, une main sur sa blessure. Les deux adversaires s'observèrent de loin, Orka s'attachant à maintenir toujours la distance égale jusqu'à ce qu'il eût récupéré son souffle. De sa main droite pendante, le sang s'écoulait goutte à goutte dans la neige.

Les approches lentes, les assauts manqués, les dérobades subtiles recommencèrent. Les guerriers des deux tribus avaient maintenant de la peine à suivre l'évolution des adversaires. La nuit était presque tombée et c'étaient maintenant deux ombres qui se trouvaient face à face. D'Orka, on ne distinguait plus que la tache claire de son corps luisant de sueur et les deux pétales phosphorescents de ses yeux de fauve.

— Si Orka réussit à tenir jusqu'à la nuit totale, dit Kuecô, la partie est gagnée. Il verra le moindre geste de Deïwo et Deïwo aura l'impression de se battre contre une ombre.

La suite du combat n'allait pas tarder à donner raison à Kuecô.

C'est seulement par la tache qu'il faisait sur la neige que le chef des Grandes Falaises parvenait à situer Orka. Et Orka se dérobait sans cesse. Il paraissait se jouer de son adversaire. A une charge plus sauvage et plus précise de Deïwo qui parut soudain, rassemblant son énergie, s'alléger de tout son poids, Orka répliqua par un coup inattendu. Ramassant un énorme rognon de silex à demi enfoui dans la neige, il le garda entre ses mains, un genou en terre, attendant la nouvelle charge du colosse. Lorsque Deïwo, le voyant immobile, se rua vers lui, il reçut le projectile en plein visage et s'écroula.

Un tonnerre de clameurs retentit de part et d'autre. Deïwo, à demi aveuglé par le sang, étourdi par le choc terrible, tardait à se lever. Il parvint à mettre la main sur son poignard qui avait volé dans la neige et à se redresser, un genou en terre. Il lui semblait, tant le grondement de son sang s'accélérait contre ses tempes, avoir à ses trousses une bande de chiens sauvages. A travers le voile de sang qui interceptait le reste de lumière tombant du ciel, il guettait l'ombre de son adversaire, sans se décider à se lever tout à fait.

Une troisième pierre, l'atteignant à l'épaule, le déracina. Il débaula comme un bison sur la forme vague qui bougeait en face de lui et qui, au moment où il allait la plaquer au sol, se déroba. Deïwo courut un moment sur sa lancée avant de s'écrouler avec un hurlement de fureur.

236

Orka n'attendit pas qu'il se fût relevé pour contre-attaquer. D'un bond souple et long il atterrit sur le dos de Deïwo, le maintint cloué au sol de tout son poids tandis que, de sa main gauche lancée à toute volée, il frappait à la nuque un coup terrible. Deïwo sursauta et s'immobilisa. Orka en profita pour lui arracher son poignard et le jeter au loin. Puis il se releva sans empressement, tandis qu'une rumeur d'orage montait de part et d'autre du champ clos.

Gamoh et deux autres guerriers s'étaient détachés du groupe des Grandes Falaises pour se porter vers Deïwo dans l'intention de s'assurer qu'il était encore en vie. Kuecô les accompagna. Deïwo vivait toujours. Il ouvrit même les yeux et repoussa brutalement ceux qui se penchaient sur lui.

— Il n'est plus en mesure de combattre, dit Gamoh. Je propose que l'on remette ce duel au lendemain.

Kuecô s'y opposa avec fermeté. Le destin était en marche. On devait le laisser s'accomplir. Gamoh lui jeta un regard de haine. Avec la permission de Kuecô, il tendit une gourde pleine d'eau à Deïwo qui s'abreuva à longs traits, arrosa son visage qui disparaissait sous un masque d'ocre et de sang. Gamoh l'entendit murmurer :

— Je ne comprends pas... Comment... Comment fait-il pour me voir? Moi... je ne vois qu'une ombre...

Kuecô s'accroupit auprès du blessé.

— Gamoh, dit-il, prétend que tu n'es plus en mesure de combattre. Veux-tu que nous arrêtions ce duel?

Deïwo faillit lui sauter à la gorge. Il se battait jusqu'à ce que son adversaire ne fût plus que bouillie. Qu'on allume seulement un feu! Kuecô s'y opposa. Cela supposait une trêve qu'il ne jugeait pas opportune. Deïwo devait reprendre le combat ou se constituer prisonnier.

— Et si nous refusions? dit Gamoh.

— Souviens-toi qu'il suffit d'un appel d'Orka pour que ses dix mammouths surgissent. Au lieu d'un mort, vous en aurez cinquante. A vous de décider.

Le combat reprit peu après, mais, cette fois-ci, l'équilibre des forces paraissait être renversé. Les hommes des Grandes Falaises eux-mêmes ne doutaient plus de l'issue de la lutte. Seuls, une poignée de fanatiques espéraient encore en un sursaut de leur chef.

Deïwo avait de la peine à se tenir sur ses jambes. Pour ne pas abuser outre mesure de sa supériorité, Orka avait renoncé à recourir à d'autres moyens que ceux que lui fournissait sa propre force. Il ne perdait aucun des mouvements de Deïwo. Son adversaire était à sa merci. Il le regardait tourner en rond, essuyer le sang qui continuait à ruisseler sur ses yeux en grondant comme une bête en colère. Il l'assaillait au moment où Deïwo l'attendait le moins. Alors que Deïwo le croyait à dix pas, Orka bondissait vers lui et, à toute volée, le frappait au visage ou à la nuque. Et chaque fois, Deïwo s'affaissait sur les genoux avec un râle profond.

Une fois, cependant, il parvint à saisir le bras d'Orka et à l'attirer dans un corps à corps. C'était son seul espoir mais un espoir tellement ténu que seul un brusque fléchissement d'Orka, lui-même très las, pouvait lui donner quelque crédit. Orka ne fléchit pas. Il parvint au contraire, au prix d'un effort surhumain, à desserrer l'étau qui lui emprisonnait la gorge. Mais, de ses mains réunies, Deïwo emprisonna les reins de son adversaire et Orka éprouva la sensation atroce d'être enfermé dans une cage, sans pouvoir bouger. L'étreinte de Deïwo se resserrait par secousses et Orka, le souffle coupé sentit un voile de feu descendre sur ses prunelles. Ses poings seuls étaient libres. Il en battait à coups redoublés le crâne du colosse, mais il manquait d'élan et Deïwo n'en paraissait nullement affecté. Les secondes passaient,

238

lourdes d'angoisse. Deïwo s'accrochait comme une araignée géante au corps agité de convulsions. A chaque pression, il lui semblait entendre craquer les vertèbres d'Orka et cela l'inondait d'une joie indicible. Ce n'est que lorsque Orka se détendit dans ses bras en fléchissant, que le chef relâcha son étreinte. Il était temps. Lui-même n'aurait pu tenir plus longtemps.

Chancelant sur ses lourdes jambes écartées, Deïwo contempla le corps d'Orka étendu à ses pieds dans la neige et qui ne bougeait plus. Soudain, il partit d'un rire énorme et s'écria :

— J'ai tué l'Homme aux Mammouths !

Les deux groupes de guerriers, dans un silence de mort, s'étaient rapprochés des deux antagonistes. Gamoh et Kuecô se précipitèrent pour constater la victoire de Deïwo. Le chef les écarta. Péniblement, il ramassa l'une des pierres dont Orka l'avait frappé peu avant, la souleva au-dessus de sa tête. La pierre frappa le sol avec un bruit sourd et Deïwo poussa un cri de rage.

Orka s'était retourné au moment précis où Deïwo lançait le projectile. Il s'enfonça dans la nuit, s'arrêta à une dizaine de pas et s'accroupit dans la neige, la respiration sifflante, le corps brisé comme s'il avait roulé du haut d'une falaise. Il n'avait dû qu'à cette ultime ruse d'avoir la vie sauve, et il devinait bien que si la même épreuve se renouvelait il n'aurait aucune chance d'en réchapper.

Guidé par la voix de quelques-uns des siens, Deïwo s'était rapproché à l'aveuglette de son adversaire. Orka le laissa s'avancer sans bouger. L'air vif pénétrait dans sa gorge et sa poitrine comme une source de force et de vie. Chaque seconde qui passait accroissait ses chances de vaincre ce monstre à face humaine.

Bientôt Deïwo ne fut plus qu'à quelques pas, il pivota sur lui-même, en fouillant l'ombre de ses mains tendues. Dès qu'il eut tourné le dos, Orka bondit comme un fauve. De ses deux poings jumelés, il assena sur la nuque de son adversaire un coup formidable. La puissance du choc projeta Deïwo en avant. Il fit un pas, puis un autre, s'immobilisa un instant, comme foudroyé sur place et, poussant un profond gémissement, tourna sur lui-même avant de s'écrouler, le visage dans la neige, offrant sa nuque broyée au coup qui viendrait l'achever.

Orka retint le cri de victoire qui montait à sa gorge. Il redoutait de la part de son adversaire une ruse comparable à celle qui l'avait, quelques instants auparavant, délivré de l'étreinte brutale du colosse. Deïwo vivait encore. Il n'était qu'assommé. Son bras remonta lentement le long de son corps comme pour chercher un point d'appui. Sa main se crispa dans la neige, tandis qu'il tentait vainement de relever la tête.

Orka s'approcha avec précaution, s'agenouilla à une coudée de la tête de Deïwo, unit ses deux poings et frappa de nouveau. Deïwo ne réagit que par un soubresaut. Orka parcourut du regard les rangs des guerriers qui s'étaient resserrés autour des deux antagonistes, les pupilles dilatées, pour ne rien perdre de l'agonie du chef. Leur respiration haletante faisait autour de lui un murmure qui semblait monter de la terre.

Un cri jaillit soudain de la masse humaine, un cri de femme, déchirant. Orka reconnut Yawna.

— Achève-le ! s'écria-t-elle. N'aie aucune pitié ! Songe à Ayud ! Songe à Helkô !

Alors Orka se mit à frapper. Il sentait les os s'affaisser un peu plus à chaque coup jusqu'à devenir souples et mous comme la chair elle-même. Il ne s'arrêta que lorsqu'il devina que ses poings devenaient insensibles et ne broyaient plus qu'une chair morte. Il leva devant son visage ses mains brisées, gluantes de sang, se redressa en chancelant.

240

Il écarta d'un geste brutal Yawna qui s'avançait vers lui. Ses mains paraissaient le fasciner, comme si elles étaient étrangères à son propre corps et répondaient à une autre volonté que la sienne. Il ne regardait qu'elles. Il ne voyait qu'elles. Il les découvrait.

Awah, qui s'était approché à son tour, lui dit :

— Pourquoi ne pas rester avec nous ? Je te soignerai, je te guérirai. Très vite tu oublieras ce qui s'est passé ce soir.

Orka se détourna de lui comme s'il n'eût pas existé. De même, il n'eut pas un regard pour Kuecô qui, à son tour, s'avançait vers lui.

Lentement, les mains pendant, inertes, le long de ses cuisses, Orka s'enfonça dans la nuit en direction de la forêt.

Le temps des rennes

L'hiver était partout. Son étreinte s'étendait sur la terre et les hommes, se resserrait chaque jour davantage. La vie n'était possible qu'au fond des abris qui sentaient la fumée et l'odeur des peaux mal tannées. Durant près de deux lunes, les jours ne furent que des aubes grises. A peine nés, ils se fondaient dans un interminable crépuscule. Les hommes en vinrent à s'imaginer que le soleil était mort : c'est à peine si, parfois, au seuil de la nuit, il glissait un œil rouge sous la calotte des nuées. Le paysage lui-même avait cessé de vivre. Il paraissait pris dans une gangue de glace, insensible aux tempêtes qui éclataient soudain, tonnaient sur les falaises, balayaient un ciel de pierre et noyaient le monde sous une épaisseur de neige qui finissait de lui donner l'apparence d'une planète morte.

Durant ces deux lunes, les hommes renoncèrent à se risquer au-dehors. Les provisions épuisées, la disette s'installa dans toutes les tribus de la Rivière Noire. Les vieillards furent les premiers à en pâtir. Ils s'éteignaient comme des lampes privées d'huile. Personne ne les pleurait. A quoi bon ? Les Puissances de la Mort rappelaient à elles qui bon leur semblait et nul n'aurait songé à contester leur loi implacable. Ainsi mourut

Sahati. Ainsi mourut Gerbh. Ils rejoignirent la grotte des Morts où les attendaient Ayud, Deïwo et quelques autres. Lorsque les premières moiteurs du temps des Rennes se feraient sentir, qu'elles pénétreraient les terres gelées, le nouveau chef, Gamoh, célébrerait des funérailles collectives.

Les viandes épuisées, on mangea des racines et des tubercules, des châtaignes et des glands. Le souvenir de la viande fraîche obsédait les hommes et les rendait fous. Mais, outre que la moindre expédition risquait de se terminer tragiquement, le gibier paraissait avoir déserté ces latitudes. Les seuls animaux qui hantaient les parages de la Rivière Noire étaient des bandes de chiens et de loups. Ils venaient hurler à la faim auprès des Grandes Falaises. Un matin, on parvint à en tuer une bonne dizaine qu'on eut bien du mal à arracher à leurs congénères. Ce jour-là et les jours qui suivirent, la vie parut reprendre dans les cavernes.

Puis tout retomba dans la nuit et le froid.

Awah avait dû renoncer à s'abriter dans le «Nid de la Foudre». Il s'était réfugié, avec Yawna et Uluka, dans l'abri de Chaab où il passait son temps en prières et en colères éclatantes. C'est tout juste si on ne le rendait pas responsable du terrible hiver qui sévissait, si on ne l'accusait pas d'avoir partie liée avec les Puissances irritées contre les hommes ! Uluka recevait le plus gros de ces orages sans broncher. Elle en avait pris l'habitude et Awah s'accommodait au mieux de cette passivité.

Yawna occupait bien son temps. Dans un vaste abri bien chauffé, proche du sien, elle retrouvait chaque matin quelques femmes de la tribu. Jusqu'au soir, inlassablement, les yeux brûlés par la fumée, fatigués par le demi-jour, elle taillait et cousait les peaux. Le soir, à force d'avoir enfoncé l'aiguille d'os dans les peaux raides de froid, ses mains devenaient insensibles.

La fille de Chaab répondait du bout des lèvres lorsque ses compagnes l'interrogeaient sur son avenir. Privée de famille comme elle l'était, elle ne pouvait plus rester seule. Qui accepterait-elle ? Legh ? Sink, fils de Barath ? Ou peut-être Aiw, fils du chef Gamoh, un beau parti ? A toutes ces questions, en elle-même, Yawna répondait : Kuecô.

Le temps des Rennes amènerait celui de sa libération. Elle se sentait étrangère au sein de sa propre tribu. Son domaine, elle le voyait se dessiner dans les brumes du printemps, elle l'imaginait émergeant dans le soleil tiède des matinées, avec ses forêts sauvages, ses hautes solitudes, ses plateaux largement aérés, ses horizons sereins. La Montagne aux Ours ! Aux premières chaleurs, elle prendrait la direction de la Vallée des Mammouths, seule, suivrait les pistes connues, se plongerait dans cet univers en marge où les hommes, lorsqu'ils s'y hasardent, sentent la peur leur siffler aux oreilles. Elle, Yawna, n'aurait pas peur. Elle eût affronté bien d'autres dangers pour retrouver Kuecô. Dans sa mémoire elle retrouvait le souvenir des deux silhouettes tracées de la pointe de l'index sur l'argile molle qui tapissait les parois de la caverne aux ours. Dans cette nuit de terre et de pierre, ils se trouvaient liés pour l'éternité. Ce simple geste les avait unis plus solidement qu'une promesse.

Yawna revoyait ce soir de neige où Orka et Deïwo s'étaient affrontés. Après le combat, les guerriers des deux tribus s'étaient séparés en emportant leurs chefs morts. Seuls étaient restés Kuecô et Gamoh. Assis, à quelque distance du champ de bataille, sur un vieux tronc à demi-pourri, ils avaient parlé longtemps et s'étaient séparés avec des gestes d'amitié.

Yawna avait réussi à rejoindre Kuecô avant qu'il ne s'enfonçât dans la nuit.

— Emmène-moi, Kuecô !

Kuecô avait souri et secoué la tête.

— Non, Yawna. Ce n'est pas possible. Il se trouve-rait de mauvais esprits pour proclamer que l'Homme Jaune a enlevé la fille de Chaab. Cela suffirait à ranimer la guerre entre nos deux peuples.

— Tu ne veux pas de moi !

Il s'était approché d'elle, l'avait prise contre sa poitrine. Des feux s'étaient allumés, l'un au levant, l'autre au couchant, et le regard de Kuecô allait de l'un à l'autre, mesurait cette étendue de terrain qui les séparait, cet espace de paix qui ne devrait plus jamais être franchi la sagaie en main.

— Tu sais bien que ce n'est pas cela !

— Si tu me laisses partir, il n'est pas sûr que nous nous retrouvions un jour.

— Nous nous retrouverons. Tout le temps que durera la neige, tu resteras parmi les tiens, tu éviteras de penser à moi mais, lorsque cela t'arrivera, tu songeras que j'ai tué ton frère, ou du moins que je suis en partie responsable de sa mort. Et si, le temps des Rennes venu, mon souvenir a toujours du prix pour toi, tu reviendras me trouver. Je passerai moi-même l'hiver dans ma tribu. Ce ne sera pas trop de temps pour faire comprendre aux miens qu'une simple vie humaine est préférable à toutes les fausses joies de la guerre. Aux premiers bourgeons, je reviendrai dans la Montagne aux Ours. Tu pourras me trouver dans la grotte d'Orka. Je t'attendrai.

Kuecô s'était détaché de Yawna.

— Maintenant, dit-il, il faut partir. Les tiens s'in-quiéteraient.

*
* *

« Aux premiers bourgeons »... Les paroles de Kuecô tournaient dans la tête de Yawna, tandis que l'aiguille d'os s'enfonçait dans les peaux de cheval ou de renne et qu'autour d'elle bourdonnaient les conversations des femmes. Il semblait que le temps des Neiges ne dût jamais finir.

Un soir, Awah consulta le bâtonnet d'ivoire couvert d'encoches qui lui servait à compter les jours et les lunes.

— Dans moins de deux lunes, dit-il, ce sera le temps des Rennes. Il viendra un peu plus tard cette année.

Déjà, l'hiver desserrait son étreinte autour des Grandes Falaises. Les hommes sortirent pour de brèves expéditions de chasse. Ils ramenèrent de maigres gibiers, puis des rennes. L'un d'eux parvint même à abattre un bœuf musqué. Ce fut un jour de grande liesse.

Chaque matin, Yawna prenait le chemin de l'ancien abri d'Awah, le « Nid de la Foudre ». Dans un creux de roche bien abrité, que le soleil visitait à ses premières apparitions, poussaient quelques pieds de violettes. Yawna grattait la neige au pied de la roche, délicatement, guettait la moindre tache de verdure, puis remettait la neige en place. Les violettes, elles aussi, fleuriraient tard cette saison.

Puis ce fut le prodige.

Un matin, un groupe d'hommes juché tout au haut des falaises poussa un appel qui retentit par toute l'étendue de la vallée :

— Les rennes !

Ils arrivaient, dessinant entre la rivière et les falaises, loin dans le Sud, un poudroiement fauve sur la neige vierge. C'était le premier troupeau. D'autres suivraient.

La neige fondit rapidement. Les premières violettes pointèrent au pied des rochers dans des flaques de soleil.

Un matin, Yawna en ramena un bouquet qui parfuma l'abri. « Il sera bientôt temps pour moi de partir », se dit-elle.

Un jour, Yawna n'y tint plus.

Elle était descendue à la rivière avec quelques autres femmes pour le grand décrassage de printemps. Dans un petit œil d'eau claire, elle s'était purifiée de tous les miasmes de l'hiver, de cette odeur de graisse rance qui était celle du temps des Neiges. Elle s'était frottée de cendres, et ç'avait été une fête, chacune raclant avec vigueur le dos de ses compagnes. Yawna se sentait toute neuve. L'air frais jouait sur sa peau comme ces aubes de printemps endormies dans la rosée des vallées où elle aimait, accompagnée d'Ayud, se rouler dans l'épaisseur des sphaignes.

— Je partirai demain, dit-elle à Awah.

Comme elle l'avait prévu, le vieux sorcier se mit en colère. Elle le laissa parler et Awah s'apaisa de lui-même.

— Qu'a-t-il de plus, ce Kuecô, que les jeunes gens de la Rivière Noire ? Il est petit, il est laid, il a la peau toute jaune.

— Non, Awah ! Il est beau, il est plus grand que moi et sa peau a la couleur de l'argile cuite.

— Eh bien, va donc, et sois heureuse ! Tant pis si je reste seul avec cette sotte d'Uluka !

— Je reviendrai souvent.

— Je te connais ! Tu reviendras quand tu auras besoin de mes soins. Et Gamoh ? Lui as-tu parlé de ton intention de nous quitter ?

— Je lui parlerai. Il sera d'accord.

Gamoh ne fit des difficultés que pour le principe. Il savait depuis longtemps que ce jour viendrait et que son fils, Aiw, devrait trouver un autre parti que la fille de Chaab. On parlait beaucoup, dans les abris, au temps des neiges, et la requête de Yawna ne prit pas Gamoh au dépourvu.

Il prononça les formules rituelles.

— Va, Yawna, et que, dans ce peuple qui n'est pas le tien, les Puissances du Ciel, de la Terre et des Eaux te soient favorables. Cinq de nos hommes t'accompagneront. Seule, tu aurais à braver trop de dangers dans ces terres maudites.

Toute la tribu s'était rassemblée pour assister au départ de Yawna. Des femmes aux longs cheveux qui tenaient leur dernier-né sur la hanche, pleuraient en agitant la main. Le vieil Awah, muet, son bonnet en poils d'ours enfoncé jusqu'au nez pour cacher ses yeux rouges, la suivit longtemps du regard. Il ne se décida à rentrer que lorsque Uluka lui eut secoué le bras.

Un chasseur avait été blessé la veille d'un coup de corne de bison au ventre. La même blessure que Chaab...

❊

Les cinq hommes qui escortaient Yawna reculèrent avec une expression d'effroi.

— Vous n'avez rien à craindre ! dit la jeune fille. Laissez-moi faire.

Yawna s'avança tranquillement vers les mammouths. Elle reconnut Nanouk, le vieux Béhémo. Elle fit un signe de la main, et, sur la bosse de Nanouk, une forme claire apparut.

— Orka !

Orka poussa un cri strident et, debout, fit tourbillonner son bras au-dessus de sa tête. Derrière la bosse de Béhémo, une autre silhouette se dressa et lança un long appel.

— Kuecô !

Yawna se jeta en avant, puis se retourna pour faire

un signe d'adieu aux hommes de sa tribu. Nanouk la caressa de la pointe de sa trompe et, lui enveloppant la taille, l'enleva dans les airs jusqu'au garrot. Orka était joyeux comme un enfant. Yawna ne lui avait jamais vu cette expression de bonheur intense.

— Toi, revenue, dit-il. Orka content! Regarde mes mains.

Il fit bouger ses mains devant son visage, murmura :
— Guéri...

Quelques instants plus tard, Kuecô, à son tour, se posait sur le garrot de Nanouk et serrait Yawna contre sa poitrine. A peine avaient-ils échangé le premier regard, qu'il n'y eut plus, entre eux, ces interminables espaces de temps, ces étendues neigeuses et vides, ces nuits sans fin qu'ils avaient subis durant des lunes, loin l'un de l'autre.

Orka lança un appel strident et la harde se remit en marche, descendant vers les pentes du sud, là où, face aux horizons bleus, s'étendaient de vastes steppes d'herbe tendre et des taillis de jeunes pousses. L'air était tiède, avec juste ce qu'il fallait de vent pour laisser deviner que l'on était encore au début de la saison des Rennes. Mais, en quelques jours, le printemps éclaterait de toutes parts sur la montagne et le ciel libérerait des ruisseaux de brises à peine fraîches.

— Je n'ai jamais connu un tel printemps, disait Kuecô, tandis que Yawna s'allongeait contre lui, les yeux perdus dans l'immensité bleue. Rien n'est comme avant, Yawna, et rien ne sera plus comme avant. Les hommes sont devenus sages. Un jour, ils ne se feront plus la guerre. Un jour...

Table

Table

Cet ouvrage
a été achevé d'imprimer par
l'Imprimerie Bussière à Saint-Amand (Cher)
le 15 novembre 1985.
Dépôt légal : novembre 1985.
1er dépôt légal dans la même collection : janvier 1980.
Imprimé en France (3053).
ISBN 2-07-033108-3

36958